フロイト講義

# 〈死の欲動〉を読む

小林敏明 著

せりか書房

# フロイト講義〈死の欲動〉を読む

◉目次◉

## 第三講　反復強迫の射程　89



## 第四講　死は欲動するのか　115

## 第五講　拮抗する生と死　143



## 第六講　攻撃するタナトス　189

# はじめに

いまわれわれの周りには死が氾濫し、日常化しています。未曽有の大震災によって瞬時にして失われた何千何万もの命、制御不可能なまでに暴走してしまった原発から発せられる放射能によって日夜脅かされつづける膨大な数の命。しかし、かりにそういう破局によってもたらされた例外的な死がなかったとしても、死はやはりわれわれの日常の一部であることをやめません。私個人にかぎってみても、このところ母をはじめとする何人かのかけがえのない肉親や恩師、それに友人たちの死を経験しました。少しさかのぼれば、わが子の死産や教え子の自殺などというやりきれない死もありました。そうしていまでは自分もまたやがて彼らと同じようにいずれは死んでいく身であることを思い知らされています。むろんこうしたことはなにも私だけにかぎったことではありません。それは例外なくだれの身にも降りかかること、避けられないことです。だからこそ人は問いつづけてきたのです、死とは何かと。

しかし皮肉なことに、その事態のまっただなかに立つ当事者である死者はそれを問うことができません。だから人は生きるかぎりにおいて死を問うほかありません。しかし生が死を問うとはひとつのパラドックス以外の何ものでもありません。死は生にとってはどうにも声の届かぬ「彼岸」だからです。それはそもそも生の側からは語りえないものと言うことができるかもしれません。こうして死はわれわれの日常において不断に遭遇する近しい出来事でありながら、基本的に「語りえぬもの」として遠ざけられ、忘れられていくことになります。それは多くの場合「諦め」という名のもとにおこなわれています。処世のわざとしては、じじつそうするよりないのかもしれません。しかし私にはこの自明の事実がときに疑問になることがあります。本当に死は語りえないものだろうか、あるいはわれわれはこの生死のパラドックスに耐えて、いったいどこまでそれを語る努力をしてきたのだろうかと。

少し理屈をこねてみましょう。分析哲学の元祖のようにあつかわれているウィトゲンシュタインの『論理哲学論考』のなかに「語りえぬものについては沈黙しなければならない」という有名な言葉があります。この言葉はその昔から伝わる「オッカムの剃刀」と呼ばれる原則、つまり「説明のためには必要以上の仮定を立ててはならない」と同じように、いまや合理的に思考するための箴言のようなものとして出回っていますが、しかしこの言葉はけっして「語りえぬもの」を少しでも「語りうるもの」にしようとする人間の努力そのものまでも否定しているわけではありません。知の進歩はほかならぬその「語りえぬもの」へのあくなき挑戦にこそあるのですから。われわれはむしろこう言うべきでしょう。ほかならぬ語りえぬものこそ知の温床であると。ただ語りうるもののみを語るというのであれば、それは結局のところ発見も何もないわかりきった同語反復《トートロジー》をくりかえす以外ありません。「ヴィトゲンシュタインに逆らって、語りえぬものをこそ語るべきだ」と述べたアドルノはさらに、こうも言っています。

> 認識のユートピアは、概念なきものを概念でもって開きながら、なおそれを概念として等置してしまわないところにあるのだろう。（『否定弁証法』p.16）

語りえぬものへの挑戦を歴史的にもっとも象徴しているのは「atom」という言葉でしょう。日本語では「原子」と翻訳され、輸入されているわけですが、これはもともと否定の接頭語「ἀ」と動詞の「τομέω」からなるギリシャ語の「ἄτομος」に起源をもち、「（これ以上）分割されないもの」ほどの意味でつかわれていた言葉です。あえて語源に即して翻訳するなら、「不分子」とでもなるところでしょうか。これを特殊な哲学用語としてつかったのがイオニアの自然哲学者デモクリトスであるとは、哲学史の教科書などでもよく触れられていることです。

注意したいのはこの言葉の一部をなす否定の接頭語「ἀ」です。これは後のヨーロッパ語、たとえばラテン語の「in-」やドイツ語の「un-」などに転換されて引き継がれていくわけですが、「atom」ではそのままギリシャ語の原形が残ったことになります。いずれにせよ、ヨーロッパ語のなかにはこの「a-」「in-」「un-」を接頭語にもつ言葉が少なくありません（ちなみにこれらを日本語で表現するときは「不-」「否-」「非-」「未-」「無-」「脱-」などという表記がそのつどの文脈におうじて適宜つかわれているようです）。ここでは、どういう言葉がそれに当たるかをいちいち数えあげる作業は省きますが、大事なことは、こうした否定の接頭語を冠した諸概念のなかに、その後ドラスティクにその意味内容を獲得し、さらにそれを充実、変転させていったものが少なくないという事実です。

周知のように「atom」すなわち「原子」は、今日ではもはや「分割不可能なもの」ではありません。それどころか、二〇世紀の物理学の劇的な展開が示したように、それは次から次へと分割されつづけ、ついにはその「物質」としての「実体性」さえもが疑問に付されるところまで進んだのでした。またその中身の構造が解明されると同時に「原子力」などという不吉でやっかいなものまで生み出してしまったことも周知の事実です。つまり、初めはたんに「分割されないもの」とネガティヴにしか表現できなかった概念が、その後の知的挑戦によってそのネガをポジに変えられた典型例がここに見られるのです。日本語の「原子」という表記がヨーロッパ語のような否定形をもたないのは、それがポジに転換して以後の輸入概念であることを示しています。

この「atom」によく似た言葉にもうひとつ「individual」という言葉があります。こちらはラテン語が起源となっていますが、文字どおりにはこれも「分割されないもの」で、言葉の組成上は「atom」と同義になります。ところが、同じような語源的意味をもちながら、こちらは「atom」とは別の文脈であつかわれてきました。すでに述べたように、「atom」が物理学を中心とする分野でその内容の先鋭化と、その結果としてのネガからポジへの変転を経験したのだとすると、「individual」のほうは、どちらかというと社会科学、生物学あるいは哲学といった分野でその進展を見たのでした。おおまかに言えば、日本語で「個人」と訳される場合は社会科学的文脈が、「個体」と訳される場合は生物学的文脈が問題になるようですが、哲学ではどちらの訳語もつかわれているようです。明らかにこの概念もまた当初の「分割されないもの」という否定的表記を超えて、ポジへの転換を果たした概念です。げんに今日のわれわれは「individual」という言葉を「分けられないもの」などというネガティヴな意味合いではつかっていません。むしろそれは人間存在の原点となるようなポジティヴな何ものかとしてとらえられているのではないでしょうか。日本語の「個人」という翻訳語もまたその転換後の産物ですから、初めからポジティヴな意味合いを含んだ「固」をツクリにもつ「個」というような表記が選ばれているのです。

興味深いのは、この「分割されないもの」という原義をもった「原子」と「個人／個体」がはからずも近代という時代になって並行してその概念の進展を見たということです。類似の表記構造をもつ二つの言葉が、かたや物質ないし自然のベースとして、かたや人間ないし社会のベースとして、いわばグランドセオリーの基本概念としてつかわれていったこと、そこに「近代的パラダイム」と呼ばれるものの思想的ないし哲学的特徴があると言ってもいいでしょう。言い換えるなら、原子という表象を要素とする機械論的な思考モデルがそのパラダイムの内容をなしていると言っていいかもしれませんが、本論から外れてしまいますので、ここではこれ以上深追いすることはさしひかえます。

当初は否定的にしか表現できなかった概念がその後ドラスティクな転換を見せた最近の例にも少し触れておきたいと思います。これもやはり物理学の成果に負うところが大なのですが、とりわけ象徴的だと思われるのは最近の宇宙物理学で話題となっている「暗黒物質」とか「暗黒エネルギー」と呼ばれるものです。両概念にある「暗黒」は英語では「dark」と表記されていますが、この概念はただたんに物理的に光がなくて「暗い」だけでなく、知的にも「暗い」つまり「不明でわからない」の意味をこめてつかわれ始めた概念だと思われます。それは電磁波という「光」の観察や計測を基本作業としておこなわれている宇宙物理学研究にとって、ある意味では「ネガ」の表現として始まったと思うのです。ところが今日ではどうでしょう。「暗黒物質」と「暗黒エネルギー」は物理学概念として区別され、それに対して測定さえもがおこなわれはじめています。言いかえれば、「暗黒」というネガがポジの内容を獲得し、それ自体の展開を開始しているのです。同じようなことが「ブラックホール」のような概念にも言えるかもしれませんが、私は専門家ではないので、これ以上詳しく論ずることはできません。しかし少なくとも、最初は否定的にしか表現できなかった概念がやがてポジティヴな内容を獲得して、その後独自の理論展開を見せた例がここでも確認できると思います。

思想や理論の歴史をこういう観点からふりかえってみたときに、無視して通り過ごすことのできない際立った例がまだひとつあります。それが本書のテーマとなるフロイトの切り開いた精神分析という分野です。詳しい論議は本論にゆだねますが、精神分析は基本的には

「Bewußtsein 意識」と「das Unbewußte 無意識的なもの」を区別することに始まります。注意してほしいのは、フロイトは「意識 Bewußtsein」の対概念にけっして「Unbewußtsein」という表記を当てていないことです。日本語で無造作に「無意識」と訳されてしまうことが多いのですが、原語はあくまで un- という否定を意味する接頭語のついた形容詞形「unbewußt」を名詞化した「das Unbewußte」、つまり「意識されないもの」または「無意識的なもの」です。これはいまでは精神分析の用語として定着していますが、この表記法からも推察できるように、フロイトは当初これを意識のネガとして想定し、そこから自らの理論形成を開始したということを忘れてはなりません。一言でいってしまえば、フロイトという人はつねにネガティヴにしか表記できないものに関心を示し、そこにポジとしての分析や理論をうち立てようと格闘しつづけた人だと言えると思います。フロイトがドイツ語の「unheimlich（不気味な）」という、どちらかというと漠然とした気分を表わす、しかもやはり un- という否定の接頭語を冠した言葉に特別な関心を寄せたことなどもその一例といえます。

さて、本書は基本的にはこのフロイトの精神分析の中心概念「無意識的なもの」をテーマにするのですが、その最終ターゲットはこの「無意識的なもの」をもう一歩先に進めたところに出てきます。それは、それ自体すでにポジティヴには表記不可能な「無意識的なもの」の、そのまた内奥に位置するとされる「死の欲動 Todestrieb」と呼ばれる概念です。最初にも述べましたが、死というのは一般に生の反対概念として受け取られ、生が消失する事態として理解されています。つまりそれはあくまで生というポジに対するネガとして受け取られているということです。ところがフロイトはこれに「欲動 Trieb」という語を結びつけました（この訳語については後に詳しく論じます）。こういう語が結びつけられると、死はもはや、それ自体ではポジティヴな意味をもつことのないたんなる生の裏返し（ネガ）というわけにはいきません。生ではなく、死そのものが「欲動する」というのですから。

この「死の欲動」という用語の異様さは、死に関する他の言説と比べてみれば、もっとはっきりしてきます。たとえば、死を哲学の中心テーマとして取りあつかったことで知られるハイデッガーはどう言っているでしょうか。ハイデッガーはその主著『存在と時間』の後半で人間存在を「死への存在 Sein zum Tode」と規定したうえで、死をこう定義したのでした。

現存在の終わり（目的）としての死とは、その現存在にとって、もっとも自分に固有で、関わりをもたず unbezüglich、確実でありながら、それ自体では未規定 unbestimmt で、追い越すことのできない unüberholbar 可能性である。（S.258/9）

あえて一部ドイツ語を残したのでわかると思いますが、この短い定義のなかにもやはり接頭語「un-」のついた形容詞が三つも出てきます。この定義にはどこか「諦め」にも似た通奏低音も響いているように思えますが、少なくとも「死」という概念と「un-」の親和性は明らかでしょう。このハイデッガーの定義でも、死はポジティヴなかたちでは規定できないものとしてあつかわれています。現存在としての人間はだれもが確実に自分の死に向かっています。しかしその確実に出会う自らの死自体は未規定でわからないものだと、ハイデッガーは言っているわけです。またそれが追い越し不可能なのは、生が死のさきの時間を先取りすることができないからであり、簡単にいえば、生きているかぎり現存在にはそもそも自分の死後がわかりようがないからです（なお、このハイデッガーにおける死の「否定性」に着目して言葉の本質に迫ろうとした非常に興味深い著作としてアガンベンの『言葉と死』があるので、一読をお勧めしておきます）。

これに対してフロイトの「死の欲動」はその死自体が「欲動」だと言っています。言い換えると、そこには「欲動」する積極的な何かが認められるのですから、これはネガからポジへの反転の一歩だと言ってよいでしょう。フロイト、とくに後期フロイト理論の異様性ないし特異性はまさにここにあります。したがってこの「死の欲動」概念が初めて提出された『快原理の彼岸』というテクストは、当時から今日にいたるまで学派の内外を問わず、つねに問題の書としてあつかわれ、数々の批判や論争にさらされてきました。一般常識的には、生や性の欲動ならともかく、死が欲動だなどという考えは容易には受け入れがたいからです。フロイトはあえてその一般常識に挑戦したのだと言ってもいいでしょう。

本論に入る前に、このフロイトの奇抜で問題含みの挑戦を簡単に無意味なものとして投げ捨ててしまわないためにも、ひとつだけ最近の興味深い生物学理論の考えを紹介しておきます。それは分子生物学者シドニー・ブレナーらによって研究成果が明らかにされたアポトーシス、すなわちプログラム細胞死という考えで、二〇〇二年のノーベル生理学・医学賞の受賞対象として有名になったものです。ウィキペディアの記述によると、こうなります。

アポトーシス（apoptosis）とは、多細胞生物の体を構成する細胞の死に方の一種で、個体をより良い状態に保つために積極的に引き起こされる、管理・調節された細胞の自殺すなわちプログラムされた細胞死（狭義にはその中の、カスパーゼに依存する型）のこと。

その後もこの方面の研究はロバート・ホルヴィッツらによって精力的に進められ、現在では、細胞が「死の遺伝子」をもっていて、その遺伝子から指令される死を実行するようにして、各種の酵素が活性化されることや、ＤＮＡやタンパク質が分解されるメカニズムも明らかにされています。見られるように、ここでは死はたんなる生の消滅ではありません。むしろ生の形成過程を支えるための積極的なはたらきなのです。もし細胞レベルにそのような積極的でアクティヴな死が認められるのだとしたら、欲動する死というフロイトの考えもそれほど突飛で異様なものとは言えなくなるはずです。

本書はもっぱらこうした問題をはらむ『快原理の彼岸』という難解なテクストの精読、検討に従事するものですが、しかしこのテクストはいま挙げたような内容にとどまらず、死にかかわってほかにもさまざまな興味深い疑問や問題を投げかけています。だからその綿密な解読や腑分けをすることによって、そこから少しでもなにか新しい考えが開かれることになれば、というのが本書のひそかな願いということになるでしょうか。

最後に使用テクストおよび引用に関して一言コメントしておきます。『*Jenseits des Lustprinzips*』（1920）というテクストにはこれまでいくつかの翻訳が試みられましたが、最近相ついで新たに二つの翻訳が出ました。ひとつはちくま学芸文庫版のフロイト『自我論集』(1996)に収められている「快感原則の彼岸」(中山元訳、竹田青嗣解説)で、もうひとつが岩波書店から出されている『フロイト全集』17巻(2006)に収められた「快原理の彼岸」(須藤訓任訳)です。どちらも旧訳書の難点を克服したそれぞれに工夫された好訳で、著者にとってもたいへん参考になったのですが、本書ではところどころドイツ語原語の解説をおこなうため、フロイトからの引用は基本的に、原書としてもっともポピュラーで入手もしやすいFischer社の文庫版『Sigmund Freud Studienausgabe』(1982)からおこない、訳文も著者自身のものにしました。特別なことわりがないかぎり、巻数頁付はこの版によります。ちなみに『*Jenseits des Lustprinzips*』は第三巻に入っていますので、余裕のある方はこのドイツ語原典も並行して読まれるとよいかと思います。ただし、この版に入っていない草稿や短いエッセイなどを引用した場合だけは、やむなく同じFischer社から出ている全集版『Gesammelte Werke』を使用しましたが、その場合は『G.W.』の記号で記しておきました。

# 第一講　無意識の時代

「はじめに」のところで、接頭語「un-」のついた「語りえないもの」についてお話しました。フロイトを考えるとき、どうしてもこういう否定的で不明確な存在のことをぬきに語ることができないことはお分かりいただけたと思いますが、これにはフロイトを取り巻く歴史的な事情もかかわっています。それは学問的および思想史的な背景です。さきにも触れたように、「無意識的なもの」というと、フロイトの専売特許のように思われがちですが、実際はそうではありません。このあと少し詳しく説明しますが、無意識への関心はフロイトよりもずっと早くから(隠れた)潮流のようにあったもので、フロイトにおいて突然現われてきたのではありません。フロイトの精神分析はむしろその潮流がもたらしたさまざまな帰結のなかの際立った例のひとつなのです。

この無意識の潮流に関してはエレンベルガーの『無意識の発見』という大変優れた思想史研究がありますが、最近日本でもソシュール研究者互盛央氏による『エスの系譜』という興味深い研究が出ています。そこで本講では、これらの研究成果にも学びながら、私なりのやり方でフロイトにいたる「無意識の系譜」を簡単に整理しておきたいと思います。

## メスメリズム

古くからの呪術の伝統などを抜きにすれば、エレンベルガーがこの系譜の最初に置いているのはメスメリズムと呼ばれる特異な精神療法です。これは一八世紀オーストリアの療法家フランツ・アントン・メスメルの名前に由来します。メスメルはモーツァルトのパトロンとして音楽史家のあいだでも知られた人物ですが、彼によれば、宇宙は特別な流体によって満たされており、それが天体はもとより人体をも支配しているとされます。そして（精神の）病気とは人体内におけるこの流体のバランスが崩れた結果だとされます。したがってこの崩れた流体バランスを取りもどすことが治療の基本だと考えたわけです。アイデアとしては、東アジアに広がっている「気」の概念などに似ていると言えるかもしれません。

さらにメスメルはこの流体には磁気が関係していると考え、実際にも治療に磁石や鉄分をつかったりして一定の治療効果をあげて人々を驚かせたりしたのですが、彼自身は基本的にはこれはたんなる普通の磁力のためではなく、患者と治療者の体内に蓄積された特別な磁気的流体の交流によるものと考え、この流体を「動物磁気 magnétisme animal」と名づけました。メスメリズムといえば、かならずこの動物磁気が話題にされるのは、そういうことに由来します。

しかしその後一九世紀に入ると、この磁気仮説は精神治療の分野では次第に信憑性を失い、メスメルの治療も実際には催眠術の一種だったのではないかという認識が広がり、メスメリズムという言葉も、もっぱら催眠術ないし催眠治療のことを意味するようになっていきます。一九世紀後半はまさにこの催眠療法全盛の時代で、エレンベルガーもこう述べているほどです。

今日では、一八八〇年代において催眠術と暗示がどれほど無数の歴史的、人類学的、社会学的事実の説明、たとえばあれこれの宗教、奇蹟、戦争の成立の説明に持ち出されたか、ほとんど想像もつかないほどである。(『無意識の発見』上、p.193)

この催眠術全盛の時期にヨーロッパ中にその名をとどろかしたのがリエボー、ベルネーム、シャルコー、ジャネといったフランス人たちでした。彼らはいずれもフロイトが直接面識のあった人たちであり、とくに彼が若いころ研修で訪ねたパリのサルペトリエール病院医長シャルコーの名はよく知られています。今日日常的にもよくつかわれる「トラウマ」という精神分析用語もフロイト以前にすでにこのシャルコーにおいてつかわれていましたが、シャルコーはこのトラウマに起因する神経麻痺と催眠状態の類似性に注目した人物でもありました。またこの流れでは催眠療法における「ラポート」と呼ばれる、患者と治療者との一種の交感関係に関心が向けられたりしましたが、こうした関心が後に精神分析治療において重要視される「転移」

の考えなどに流れ込んでいることは容易に想像がつきます。

このように、この時代になると、催眠療法は理論的にも洗練され、初期メスメリズムのもっていた秘教めいたいかがわしさが払拭され、多分に科学的様相を呈してきます。とくにベルクソンとも親しい関係にあって、ユングやアドラーなどに影響を与えたジャネは力動精神医学の先駆者であると同時に、フロイトにとってはライバルのような存在であり、その理論もかなり合理的科学的になっています。このジャネのためにエレンベルガーがわざわざ長い一章分を当てているほどですから、その重要性も推し量れるでしょう。ちなみに、このメスメルに始まる動物磁気からフランスの催眠療法への流れとそのフロイトへの影響については、シェルトークとド・ソシュールの『精神分析学の誕生』に詳しい記述がありますので、この方面に関心のある人には一読を勧めておきます。

## ロマンティク医学

フロイトの精神分析の背景となったのは、この催眠治療の系列ばかりではありません。そういう特殊な分野を超えた、もっと広い分野にわたる思想的背景ないし時代精神のようなものが大きく影を落としているからです。それが「ドイツ・ロマンティク」という思潮です。

一八〇〇年ごろからドイツ語圏を中心に広がりを見せ、一九世紀をとおしてひとつの時代精神を形成したといってもよい、この運動が文学、絵画、音楽といった芸術の分野を活動の舞台にしたことはよく知られていると思います。しかし、これがどのように精神医学と関係しているかについてはあまり知られていないと思いますので、以下その脈絡を少し追ってみましょう。

ロマンティクの起源は、これまた複雑なのですが、あえて簡単に言ってしまうと、カントに象徴される近代的な啓蒙合理主義に対する反発から始まったと言われます。その代表的な存在が、たとえばカントの宿敵といわれた「北方の博士」こと、哲学者のヨハン・G・ハーマンです。この「あらゆる領域の反合理主義のパイオニア」(バーリン)の名は、いまではカントの名声の陰でほとんど忘れられてしまっていますが、一八世紀当時の思想界に与えた影響はけっして小さいものではありませんでした。

そしてほぼ同じ時期にこれと連動するかのようにして登場するのが雑誌『アテネウム』を中心に集まったシュレーゲル兄弟やノヴァーリスらによるロマンティクの文学活動です。ゲーテ、シラーなど同時代の大家たちも多かれ少なかれこの新しい運動の余波を被っています。しかし、この運動は文学にとどまらず、やがて哲学や絵画の分野に波及していきました。哲学ではシュライエルマッハーやフィヒテ、シェリングの名前をあげることができます。哲学史の教科書ではフィヒテ、シェリングはカントに始まりヘーゲルにいたる「ドイツ観念論」の中間移行期のなかにあっさり位置づけられてしまっていますが、事態はそれほど単純ではありません。フィヒテ、シェリングのみならずヘーゲルもまた少なからずロマンティクの影響を受けているからです。

多士済々な文学者や哲学者を輩出したロマンティクの思想内容を簡単に要約することはおよそ不可能ですが、そのひとつのメルクマールとして独特の自然観があります。当時自然概念に関しては、すでにニュートンを生み出していたイギリス系の自然科学が先行していたのですが、ドイツ語圏ではこれに対抗するように、独自の自然観が発展しました。大陸側ではそれ以前にもスピノザの「能産的自然 natura naturans」という独特の考えがありましたが、それを継いだシェリングの自然哲学が代表しているように、ロマンティクでは自然をたんなる数量や法則に還元してしまうことが嫌われ、むしろその「語りえない」神秘的美的側面が強調されます。簡単にいうと、自然の本質は実験と観察にもとづく計量によってではなく、直観によってアプローチできるという立場です。ニュートン光学による色彩論に対抗して立てられたゲーテの色彩論などもそうした対立のはしりといえるかもしれません。

こうした機運のなかでフリードリッヒやルンゲなどを代表とする絵画の流れが出てきます。

一般に「ドイツ・ロマンティク」というと、この絵画の流れを意味することが多いのですが、それは当時この絵画の流れがいかに大きなインパクトを与えたかを物語っていると言えます。この絵画運動の中心テーマは風景画ですが、その背景にロマンティク独特の自然観がはたらいていることは言うまでもありません。フリードリッヒの風景画が示しているように、風景すなわち自然は個々の人間を超えた崇高な存在です。それを表現するため、フリードリッヒは峨々たる山や荒涼とした海辺、あるいは月光の降りそそぐ夜景を描いたりしました。やや誇張していえば、明るく日の照る表の俗世界を背後から支配している厳かで神秘的な夜の世界とでも形容したらよいのでしょうか。そういえば詩人ノヴァーリスにも「夜の讃歌」という有名な詩があります。

寄り道が長いので、いったいこれが精神医学とどうつながっているのかと、いぶかしく思われ始めた人もあるかもしれませんが、じつはこのロマンティク絵画とドイツ精神医学は無関係ではないのです。むろん画家を本職としたフリードリッヒがそうだとは言いませんが、このフリードリッヒと非常に親しい関係にあったある人物が重要なのです。それはカール・グスタフ・カールスという人で、その名は日本ではおそらく絵画史の研究家ぐらいにしか知られていないと思います。たしかにカールスの名はフリードリッヒと並んでロマンティク画家の代表としてよく出てくるのですが、じつは本業はドレスデンの医者であり、ザクセン侯侍医も務めた名士です。医者としては当時産婦人科医、解剖医として知られていましたが、病理学や心理学の研究も残しています。興味深いのは、このカールスがさきほど触れたメスメリズムを積極的に取り入れていること(『生命磁気療法』という著作もあります)と、彼において初めて「Un-Bewußtsein(無 - 意識)」という概念のもとに一種の医学的生理学的説明の試みがなされたということです。以下、多才なカールスのこの方面を代表する著作『心理 *Psyche*』のさわりを紹介しておきましょう。

まず基本的に、カールスにとって「心 Seele」とは無意識的な段階から意識的な段階へと発展的に自己形成していく生のプロセスだということです。その意味で「無意識」はいわばそのプロセスの出発点であり、生そのもののベースでもあります。だから序文冒頭の一文にもこう言われます。

意識された心的生命の本質を認識するための鍵は無意識の領域に存在する。心の秘密を真に理解することの難しさ、あるいはその見かけ上の不可能性はすべて、このことから明らかになる。意識されたもののなかに無意識的なものを見つけるのが絶対に不可能だというのであれば、人間は自らの心の認識、つまり本来の自己認識に到達するという希望を失わざるをえないだろう。しかし、この不可能性がたんに見かけだけのものだとしたら、心についての学の最初の課題は、どのような仕方で人間の精神はこの深層のなかに降りていくことができるかを説明することである。(*Psyche*, S.1)

カールスにとっての「無意識」とは、基本的には、後にフロイトが考えるような意識の抑圧によって初めて生じるものではなく(カールスもこのレベルでの無意識の存在を認めていますが、それはあくまで副次的なものとみなされます)、あくまで細胞のレベルから始まり、胎児の段階を経て、成体にまで有機体が発達していく過程に見られる一種の生気的なはたらきのことです。おそらくこの発想とカールスが産婦人科医でもあったこととは無関係ではないでしょう。この過程のなかから次第に意識が形成されてくるわけですが、当然その意識の根底にもつねに無意識がはたらいていると考えるわけです。その立場からカールスは、性急な合理主義はこの生命過程のベースとなる無意識を無視してしまうことになると批判するのですが、医者であり自然科学者でもあったカールスは、同時にこの無意識を過剰に神秘化してしまうことにも反対します。彼のスタンスがよく出ている文章を引用しておきましょう。

すなわちわれわれは一方で、次のような試みは誤った道とみなさなければならない。すなわちその試みとは、最後まである意味で不可解かつ神秘的なままでありつづける心の領域を、あからさまな暴力によって精神の意識的な働きのまえにすべて暴き出し、そのすべての輝きにおいて証明しつくし、その結果、いわば心の不可解さや無意識的なものそれ自体がことごとく放棄され、認められなくなってしまうような試みである。他方これに対してわれわれは、心の顕われを明確かつもっぱら意識的に考量することに反対して、それにふさわしい正当な権利を認めようとせず、ひたすら理解しがたいものの感情や予感に頼って研究者を満足させる決まりのみを探したがるような方向もまた少なからずまちがった、救いがたいものとみなす。（ibid. S. XV-XVI）

こうしたカールスの発想と並行するように進行していったのが、通称「ロマンティク医学」と呼ばれる流れです。代表的なところでは、とくにゴットヒルフ・H・シューベルトとヨハン・Ch・A・ハインロートの名があがるでしょう。シューベルトはフロイトの『夢解釈』（1900）よりもはるかに早く夢解釈を手がけた『夢の象徴学』（1814）という著作で知られている人ですが、この本はその題名が示しているとおり、さまざまな夢や妄想内容の解釈を試みた、おそらくドイツ語圏では最初の学問的アプローチといっていいでしょう。シューベルトによれば、夢というのは一種の「象形文字」のような言語であり、それは日常の物事を反転して示したり、自分の愛情を対象に投影させたりする独特なはたらきをもった心的現象だとされます。そしてこの日常世界から区別された夢の世界には「内なる隠れた詩人」が住んでいて（むろん比喩的な意味で）、そこに「神の言語」たる「良心」も宿っていると言います。こういうと、かなり神秘的に聞こえますが、シューベルトは一方でそのような宗教がかった解釈をおこないながらも、他方で当時の解剖学の成果に基きながら、日常的現実と夢の分裂を神経、とくに交感神経の二重系統に還元して説明しようとしたりしています。このあたり神学と科学を折衷統合しようという、いかにもロマンティクならではの発想といえます。こんなところから、フロイトが『夢解釈』を発表する直前に記憶やトラウマを神経学的に説明しようと試みた『心理学構想』を書いていた事実を連想する人も少なくないでしょう。

しかし、われわれの関心にとってこの『夢の象徴学』よりもっと興味深いのは、当時人気を博したシューベルトのもうひとつの著作（講義録）『自然科学の夜の面』です（ちなみに、この二冊はあのE・T・A・ホフマンの小説に決定的な影響を与えたといわれます）。この著作は宇宙全体をひとつの統一的な生命体とみる立場に立って、天体から無機物、生物にいたるあらゆる存在の「有機的」性質とその構造を説明しようとするもので、ここでも当時流行の兆しを見せていたメスメリズムの動物磁気や催眠術が強調されているのですが、その関連でこんなことが言われます。

そもそも動物磁気と死の類縁関係こそいちばん興味をひく問題でしょう。もはや治療法のない病、催眠療法だけが症状を和らげることのできる病を、自然は死によって解決し、死という完全な転身によって病んだ人間自然［本性：筆者］に内的調和を取り戻してくれるのです。催眠は四肢の硬直とか、その他の死と類縁の徴候を第一の効果として持つ場合が稀でなく、この点でも死が大規模に完全に行なうところを、催眠は小規模に行なうものといえます。失神、それに本来の死と最も縁の深い意識なき仮死は催眠と同じか、あるいはもっと高度な快感を伴うわけで、催眠より治療効果が劣るということはありません。仮死から目覚めた者は仮死にいたらしめた病気から完全に解放され、なぜか体力が強まっているのです。(「自然科学の夜の面」p.84)

今日の精神医学からすれば、なんとも奔放な解釈と言うべきでしょうが、これが当時の精神医学の水準でもあります。しかし、問題はそういう医学知識の水準にはありません。むしろ、その着想ないし発想の独創性です。興味深いのは、ここで催眠状態と死との類縁性に目が向けられていることです。シューベルトはさらにこの事実から次のような奇想天外な推論も発展させています。有機体が死ぬとその死体から燐が出て発光することがありますが、シューベルトは、これは宇宙のいたるところに「燃える本質」があって、それは死体において可視化されるだけではなくて、「電気現象からさらに深く有機体における性の合一現象にまで」見られることだと言います。だから死と性はある意味で同一の性質をもった現象にもなるわけです。

(他方、)すべてこの燃える本質を喚起するものによって生の活動が高まり、また生が極度に破壊されさえします。こうして燐と縁のある様々な毒、そして閃光が、激しすぎる情熱と同じで有機体の生を一時的に破壊し、多くの生命体において動物のであれ植物のであれ生が最強になる時点、生殖の時と死の時は重なるのです。(同書 p.85)

燐という物質の過大評価はむろん今日では問題になりえません。それを「燃える本質」と抽象化したところで事態は変わりません。しかし、そういう奇妙な説明方法を駆使しながらとらえようとしている死と生殖、いいかえればタナトスとエロースの同一視というテーマは、後に見るように、簡単に笑ってすますことのできない問題をはらんでいます。「燃える本質が部分的、一時的に解放される」性とは生のなかに「部分的、一時的に侵入する死」のことであり、それはまた「人間の自然がより美しい故郷へ向かって錨を揚げる瞬間、新たな存在形態の翼が動き始める瞬間」（同書 p.85）であると言われるとき、そのポエティクな表現の背後に何がとらえられているか、それはたしかに一考に価する事柄だと言わなければなりません。

これまでの記述でもわかるように、フロイトに先立つ百年間、すなわち一九世紀をとおしてメスメリズムないしそれに類する発想がいかに広く流布していたかがわかると思います。ここで、もう一度そのなかで中心的な役割を果たしていた「動物磁気 magnétisme animal」という概念を考え直してみましょう。私はこれまで慣例にしたがって「動物磁気」という訳語をそのまま使ってきたわけですが、問題になるのはこのなかの「animal」という形容詞です。これに「動物的」の意味があるのはたしかですが、この言葉がメスメリズムやロマンティクでつかわれるとき、はたしてそのような具体的な形象で理解してしまってよいかは問題なのです。この言葉の起源となるラテン語の「anima」（ギリシャ語なら ἄνεμος）には「空気」「風」「息」「生命」「活力」

「精神」といった意味があり、前にも指摘したとおり漢字「気」の意味の広がりに似ています。さらにこれに付け加えておかなければならないのは、ヨーロッパ語の流れにはもうひとつこれと並行する類似の言葉があるということです。それはギリシャ語の「ψυχή」に起源をもつ一連の言葉、たとえばドイツ語の「Psyche」や英語の「psychology」などです。「ψυχή」ももともとは「息」の意味ですが、それが今日ではもっぱら「心」とか「心理」の意味でつかわれているわけです。つまり、そのことを念頭において、もう一度話を「magnétisme animal」にもどすなら、ここで言われる「animal」には「空気」「風」「息」「生命」「生気」「活力」「精神」から、さらには「心」「心理」のニュアンスが入っているということです。「動物」という概念に関していうなら、そのなかにこのanimaが吹き込まれているからそれは動物なのであって、動物だから息をしたり精神をもつというのではないのです。むしろ動物というのはたんにanimaのひとつの現れだと考えるわけです。メスメリズムやロマンティクを支配していたのはそういう発想法です。だから「magnétisme animal」という言葉も「動物磁気」というよりは、まだ「生命磁気」とか「生磁気」とでも訳したほうがよいかもしれません。現に「磁気」という言葉にはすでに「気」が入ってもいます。フロイトのライバルであったユングが立てた「アニマ・アニムス」の概念もこうした伝統を背景にして生まれたものであることは容易に想像がつくでしょう。

とはいえ、このさまざまな意味を含む「anima」は、そもそもその実体をつかもうとしても、容易にそれができない存在です。言いかえれば、それは一種の「語りえないもの」です。だから当時の科学者や哲学者、文学者はそれにさまざまな言葉を当て、それぞれの仕方でそれを説明しようと試みてきました。そこでつぎに、一九世紀の哲学がこれにどのように対応したのかを少しふりかえってみたいと思います。

## シェリングの自然哲学

哲学の分野で、これまで述べてきたような思潮に大きな影響を与えたのが、シェリング、それも独特の自然哲学を発展させた初期のシェリングです。このころはゲーテ、シラーをはじめシュレーゲル兄弟を取りまくロマンティクの文学者とも交流のあった時期です。さきにも少し触れましたが、この時期のシェリングは、当時の自然科学の急速な進展を横目ににらみながら、スピノザが「所産的自然 natura naturata」から区別して強調した「能産的自然 natura naturans」、つまり自ら生み出し、創造する自然の考えをさらにひとつの体系にまで発展させようとしていました。シェリングの自然哲学の要点を一言でいうと、無機物をも含めた世界の全体はひとつの動的調和のとれた有機体であり、その有機的自然の全体にはそれに内在する根源的で統一的な何かがはたらいているという考えです。この何かが「能産的自然」の核にあたります。シェリングが最初に自然哲学の構想を立てたときの言葉でいえば、こうなります。

第一命題：この条件づけられていないものはそもそも何らかの個物にも、また、それがある、ということができるようなもののなかに見つけることはできない。というのも、あるものは存在 **Seyn** に与り、その存在の個々の形態あるいは種類にすぎないからである。逆に、条件づけられていないものについては、それがある、と言うことはできない。というのもそれは存在それ自体であり、けっして有限な産物のなかに示されるものではなく、あらゆる個物はいわばそれの特殊な表現にすぎないからである。(*Erster Entwurf eines Systems der Naturphilosophie*, S. 3)

ちょっとハイデッガーの存在論を連想させる記述ですが、われわれの興味を引くのは、まさにここに出てくる「ある」と言うことができない「条件づけられていないもの」ないし「無条件のもの」です。シェリングはこれこそが「無限に生産的に活動しつづける自然」の本質だとして、自分の自然哲学構想の出発点に置くわけですが、これは同時に「世界霊 Weltseele」とも呼ばれます（もっとも、ここで「霊」といっても、むろん「神霊」や「幽霊」のようなものではなくて、さきに出てきた anima と同様、むしろ「生命力」や「気」に近い概念と理解しておいたほうがよいでしょう）。この無限に生産しつづける自然には、しかしつねにそれに対する「制止 Hemmung」のはたらきが備わっていると、シェリングは言います。この制止のはたらきによって個々の具体的な形をそなえた自然が生み出されていると考えるからです。言い換えると、無限の生産活動としての自然と、その活動が制止されて生み出される自然のセットとして自然全体が構想されているということになります。

ヨーロッパ哲学においては、このような世界ないし宇宙を造り出し動かしている霊的ないし心的な存在という考えは、すでにヘラクレイトスやプラトンの『ティマイオス』あたりから知られていますが、中世にキリスト教の教壇哲学が広がって、世界の外または上から世界を創造し支配する超越的な人格神の考えが主流になると、「世界霊」に類する考えは「異端」として排除されていきました。それが近代における自然科学の飛躍的な発展とともに再び注目されるようになります。早いところでは例の火あぶりの刑に処せられたジョルダーノ・ブルーノあたりがそうですが、なんといっても大きな影響を与えたのはスピノザでした。スピノザの「能産的自然」というのは、一種の汎神論で、いわば神の代理でもあるのですが、この考え方が革命的だったのは、「創造主」を世界ないし自然の外に置かないで、あくまでそれらに内在するものとして見るという立場です。言い換えれば、自然は自然自体に内在する目的性や法則性にしたがって動いており、それが結果として神の創造摂理と一致しているという考えにほかなりません。これはそれまでの自然科学にとって大きな障害だった教会ドグマからの解放にもなります。というのも、この考えをさらに押し進めれば、自然科学は神学的偏見から離れて、あくまで自然それ自体に即して、その法則を解明してよいということになるわけですから。じじつ、その後の自然科学は急速にその方向に進みました。

シェリングもまたこうしたスピノザ以降の自然科学の発展を知っています。しかし、この発展方向はイギリスでのそれが象徴しているように、必然的にその「神的」性格を切り捨てていくことにもなりました。これに対してシェリングおよびその影響下にあった当時のドイツのインテリ、とくにロマンティクの文学者たちが向かったのは、スピノザの「能産的自然」を踏襲しながら、あくまでそのなかにあった神的性格を保ち、それを現実の自然科学の進展と調和させる道といっていいと思います。もはや人格を備えた超越的な神が自然に介入してくるという神話的発想は意味をなしません。自然はそれ自体で自らの秩序を造りあげているのです。だからシェリングにとって「体系」とは「自らを担い、それ自体で完結し、自らの運動と連関の根拠を自らの外部には前提することのない全体」(I, S.400) のことです。しかし、それはもはや人格をもたなくとも、どこか創造主に相通じていなければなりません。これがシェリングにおいて再び「世界霊」という埋もれていた考えが復活する理由です。世界は「条件づけられることのない」匿名の「霊」ないし「心」によって造られ、また秩序づけられており、それはまた同時にその霊によって不断に再生産されつづける有機的な運動体でもあるわけです。さきに紹介した「anima」の概念やカールスの「心理 Psyche」がこうした考えと共鳴していることは容易に察せられるでしょう。

こうした文脈でシェリングが自然哲学を引き継いで打ち立てた『超越論的観念論の体系』において、根源的な自然の活動を念頭におきながら「無意識的なもの」という言葉をつかったのも、ある意味で必然だったといえるでしょう。ここでは無意識的な活動は「無形の」「自由に動く」「欲動 Trieb」であり、それは「知的直観 intellektuelle Anschauung」によってのみとらえられるものとされるのに対して、意識的な活動のほうは「制止 Hemmung」や「抑圧 Verdrängung」の結果だとされるのですが、このあたり少なくとも表面的な言葉づかいはフロイトとたいへんよく似ていて驚かされます。

このシェリングの考えはまた進化論を否定しません。自然哲学の課題とは単純な無機物からより高等な有機物への「自然のなかにある生の段階的発展」（II,S.46）を解明することだとされるからです。さらに興味深いのは、シェリングが「質料／物質 Materie」を「重力 Schwerkraft」とみなし、それがたがいに対立しあう「磁気」と「電気」に分離すると考えていたことです。逆にそれらの統一体が光というかたちで立ち現れ、それが同時に生命の第一段階になるのだとも言います（Wetz: *F.W.J. Schelling*, S.58）。前に述べたメスメリズムとの親和性は明らかでしょう。

このようなシェリング独特の自然哲学から影響を受けて実際の科学研究をおこなった人物にヨハン・ヴィルヘルム・リッターという人がいます。彼は独学とはいえ、初めて電気分解や蓄電池の作成に成功した人として科学史のなかでも知られた人物です。リッターは自然界のすべての個体は宇宙光線の屈折媒体であり、しかも人間の内部でも神の光線が屈折する、という独特な考えに基づき、地球の内部には巨大なガルヴァーニ電池があって、すべての動物に電気的極性があると唱えました。「ガルヴァニズムという現象の中で、地球はおのれ自身の内省に着手する」（「ある若き物理学者の遺稿　断章」p.100）という象徴的な言葉はそれを物語っています。

そのリッターが夢に関してこんなことを述べています。

人間は眠りの中で普遍的有機組織の次元まで下降してゆく。そこでは彼の意志すなわち自然の意志でありまたその逆でもある。この両者は今やひとつとなる。（…）このような状態についての一資料が夢である。無論、夢の内容は普遍的有機組織との合一状態そのものを表わすものではない。この合一状態自体は決してあとから想起できる性質のものではない。しかし、夢はそこへの通路であり、眠りと覚醒との中間状態である。それは、あの普遍的有機組織との合一状態に部分的に浸りながらも、そこでの体験が個人の体験でありうる――少なくともそう感じられる――に必要なだけの自己意識が保持されている状態なのだ。（同書 p.106）

この「普遍的有機組織」を「無意識的なもの」と置き換えてみれば、その発想の構図がやはり後のフロイトやユングのそれと非常に似ていることがわかるでしょう。これまで問題にしてきたメスメリズム、磁気催眠について述べているところはもっと決定的です。

磁気催眠状態においては、人は恣意の領域を去って「恣意なき領域」、すなわち有機体が再び無機的存在に下降し、それによって有機と無機の両存在の秘密が開示される領域へ参入することになる。意志自体とその行使をもはや必要としない意識というものが存在するが、そのような意識とは、普通の睡眠と磁気催眠中の意識、つまり「恣意なき意識」のことである。そこでは意志自体が存在しえない。（同書 p.106）

## ショーペンハウアーの意志

つづいて「無意識的なもの」という概念につながる哲学者として、どうしても挙げておかなければならないのがショーペンハウアーです。ショーペンハウアーの名前は日本でも戦前は「デカンショ（デカルト・カント・ショーペンハウアー）節」としても歌われたように、当時の学生たちによく読まれた哲学者なのですが、今日ではその存在すらも忘れられているほどです。しかし、このショーペンハウアーの哲学にはわれわれの関心からして無視できない観点がいくつかあります。なかでも注目すべきは、その哲学の中心をなす「意志」の概念でしょう。

よく知られているように、カントはわれわれは感性的直観をとおして得られる現象の世界しか認識することはできず、その背後にある「物自体」は認識できないと考えました。言い換えると、それは主観によって構成的に認識された世界のみが現実的だということです。ショーペンハウアーも基本的にはこの認識論の構図を受け入れ、世界は直接的な物自体の世界ではなく、あくまで「表象／観念 Vorstellung」の世界だと考えます。ではしかし、そもそもその表象ひいては認識という働きはどこから出てくるのか。こう問うことによってショーペンハウアーはカントから分れます。表象や認識が可能になるのは、ほかならぬわれわれの内部に何かが働いているからです。それも直接に。

> （…）われわれはたんに認識する主観ではなく、他方でまた自ら認識する本質に属している、つまり自ら物自体なのである。したがってわれわれには、外からは迫ることのできない、かの事物の自らに固有な内的な本質には、内なる道が開かれている。その道はさしずめ、裏切りによって一挙にわれわれを外からは攻撃できない要塞に入り込ませる地下道、あるいは秘密の通路のようなものである。（*Die Welt als Wille und Vorstellung* II, S.253）

この比喩はトロイの木馬でも念頭においたものでしょうか。この「秘密の通路」は、他のもろもろの表象とはちがって、むしろ認識者の主観内部に直接感じ取られるものであり、その意味で「物自体」だとショーペンハウアーはいうのです。物自体はカントでは対象の背後に想定されていたのですが、ショーペンハウアーでは逆に主観の奥に想定されていることがわかります。そしてこの対象の側から主観の側にひっくり返された物自体としての通路こそがショーペンハウアーのいう「意志」にほかなりません。

> というのも、ある意志活動がわれわれの内部の暗い深部から認識する意識へと立ち現れるたびに、時間の外にある物自体が現象へと直接移行するということが起こるからである。これにしたがえば、たしかに意志活動は物自体にもっとも近くもっとも明瞭な現象にすぎなくなってしまうのだが、しかし、そう考えてしまうと、他のすべての現象もまたそのように直接的、内的にわれわれによって認識されうる以上、われわれはそれらを、われわれのなかにある意志と同じものとしなければならなくなってしまうであろう。したがってこの意味で私は、あらゆる事物の内的な本質は意志であるとし、その意志を物自体と呼ぶのである。（ibid. S. 255）

この引用からも察せられるように、ショーペンハウアーの狙っているのは、表象され、ある意味で対象化されてしまった現象ではなく、あくまでそれを生み出す主体の内奥からでてくる衝動のようなものです。ショーペンハウアーの場合、この「意志優先 **Primat des Willens**」の原則は人間のみならず、あらゆる有機体から無機物にまでおよびます。つまりすべての存在者の根底に物自体としての意志がはたらいているというわけです。これはこれまで見てきたロマンティクの発想とも通じます。

われわれにとっての問題は、こうしたあまねく広がる意志を中心に置いた世界観ないし宇宙観と無意識的なものとのつながりですが、ここではそれを探るべき『意志と表象としての世界』というショーペンハウアーの大著をいちいち解釈検討してみる余裕はないので、その次善策としてショーペンハウアーとフロイトの類似性を事細かに論じたツェントナーの著作『忘却への逃走 *Die Flucht ins Vergessen*』の記述を借りることにします。

ツェントナーはショーペンハウアーの「意志」とフロイトの「Es」すなわち無意識的なものとを比較して、そこに二六項目におよぶ共通点を見出すとともに、ショーペンハウアーの「知性」とフロイトの「自我」(これが意識に当たります)との間にも一五項目にわたって共通点を指摘しているのですが、ここでは前者の比較つまり「意志」と「Es」の共通点だけを紹介しておきます。実質的には重複気味の二六項目をひとつずつ列挙するのも能がありませんので、これを私なりに要約しながら、その要点のみを示します。

第一は、ともにわれわれの精神の内奥にあって、その精神を根源から成り立たせている一次的なものだということです。第二は、それが「欲動 Trieb」のダイナミズムにおいてとらえられているということ。第三は、因果律や論理さらには時間から自由な存在であるということ。第四は、ともに意識によってはとらえることができず、もっぱら象徴や比喩を介してアプローチされること。そして第五には、その内部では快・不快の原理がはたらいており、とりわけ性的欲動に焦点が当てられていること。まだこのほかにも両者がよく似た比喩をつかっていることとか、新生児への関心が強いとか、いろいろ挙げられていますが、ツェントナーの著書の要点は右の五点に尽きるでしょう（cf. Zentner, S. 87）。私自身はこれに第六点として、両者が死の観念およびペシミズムに強い関心を示していることをつけくわえておきたいと思います。

この両者の驚くべき類似にはすでに多くの人たちが気づいていて、フロイトは「ショーペンハウアーの後継者」（ホルクハイマー）だとか、フロイトの自我とEsの記述はショーペンハウアーの意志と知性の記述と「髪の毛一本ちがわないほどそっくり sich aufs Haar gleichen」（トマス・マン）だとか指摘され、日本ではあまり知られていませんが、ドイツ語圏では現にこの両者の比較研究が数多く発表されています。これだけの類似点がある以上、当然と言わなければなりません。じじつ、これらの研究によってフロイトが若いときにウィーンでの読書サークルなどを介してショーペンハウアーを熱心に読んだことも明らかになっています。

## 無意識の哲学

一八六九年にその名も『無意識の哲学 *Philosophie des Unbewußten*』という本が出版されて一躍評判を呼びます。著者の名はエドゥアルド・フォン・ハルトマン、独学の哲学者です。この名前は当時ベルリンを中心にして広がり、日本からの留学生森鷗外もその名声を耳にしてハルトマンの著作を読みあさっています。例の坪内逍遥との間に交わされた没理想論争で鷗外の理論的バックボーンとなったのも、このハルトマンの哲学でした。

そこでまず『無意識の哲学』（正式には『無意識的なものの哲学』と訳すべきところですが、本のタイトルということで、ここではこう訳しておきます）においてハルトマンが「無意識的なもの」という言葉をどのような意味でつかっているかをのぞいてみましょう。前置きで著作全体の構想を語っているところです。

> 第B章IIIで、感情が意志と表象に解消されるということ、したがって後二者が唯一の心的な基本の働きであることが示され、第A章IIIにおいて、それらが無意識的であるかぎり不

可分一体のものであることが示されるが、私はこの無意識的な意志と無意識的な表象をひとまとめにして「無意識的なもの das Unbewußte」という表現で呼ぶことにする。しかしこの統一体はまた無意識的に意欲し無意識的に表象する主体の同一性にのみ基づいているので（第C章 XIV.4）、「無意識的なもの」という表現はこの無意識的‐心理的なはたらきの同一の主体をも言い表わすことになる。——それはさしあたりは知られざるものであるとはいえ、しかし少なくともそれについてはここではすでにかなりのことを語ることができ、この知られざるものには「意識されないとか意識されないではたらく」というネガティヴな属性のほかに「意欲するとか表象する」という非常にポジティヴな属性も認められるのである。（*Philosophie des Unbewußten*, S. 4）

つまりハルトマンによれば、無意識の哲学の根本原理は「意志」と「表象」の二つであるが、これらは元来無意識的かつ不可分一体なので、この無意識的な意志と無意識的な表象をひとつにまとめて「無意識的なもの」と呼ぶというわけです。この二つの原理とされる「意志」と「表象」という概念がショーペンハウアーを踏襲しているのは明らかです。「無意識的なもの」をこのように規定しておいて、ハルトマンは本能や反射作用、それに自然治癒能力など身体にかかわる無意識的な要因を挙げつらね、人間の精神、性愛、感情、思惟、さらにはそれらから発する言語、芸術、神話、歴史などにおける無意識的で意志的な要因をあらいざらい指摘したうえで、「無意識的なものの形而上学」をうちたてようと試みます。

この「形而上学」なるものの狙いは、基本的には理性や論理に傾いたカント以来の哲学に「無意識」や「非論理」を取りもどさせ、意識と無意識、表象（理念）と意志、論理と非論理、合理と非合理といった二元論をあらためて無意識的な意志を中心に立てることによって一元論的に再構成しようというところにあります。別の言い方をすれば、ヘーゲル哲学において頂点に達する合理主義をショーペンハウアーからシェリングに引き継がれる無意識的な意志によって相対化し、かつ後期シェリングの同一性哲学の体系的着想をかりて、無意識から意識への、あるいは意志から（合理的）表象への発展のプロセスを明らかにすることです。このプロセスがハルトマンのいう「世界過程 Weltprosess」にほかなりません。こうした発想にダーウィンの進化論が影を落としていることは、これまでにみた哲学者たちと同様です。

見られるように、この「無意識の哲学」なるものは、内容的にはシェリングの構想を借りながら、ショーペンハウアーとヘーゲルの折衷を図るというレベルにとどまっていて、さしたる理論上の成果がなく、じじつその後の哲学においてもほとんど忘れ去られていくのですが、さきにも述べたように、哲学書としてはむしろ粗雑なこの著作が当時一躍評判を呼んで、ベストセラーとなったという現象こそが問題にされなければなりません。それにはまず、これまでに見たような、ドイツ哲学の底流に脈々と流れるロマンティク以来の反合理主義の伝統が与っていると考えられますが、それはまた、タイトルにつかわれた「無意識的なもの」という言葉がこの時期にはそれだけ熟してきていたということをも表わしていると見るべきでしょう。さきの引用で「ネガティヴな属性」にくわえて「ポジティヴな属性」が認められるとあったように、この言葉はもはやたんなる否定形の形容詞ではありません。意志とも同一化されているように、この「無意識的なもの」という概念は、実体とまでは言わないまでも、なにかそれに匹敵する積極的な何ものかを言い表わす概念として定着しはじめているのです。ハルトマンの出版はまさにその概念がようやく時熟してひとつの「ポジティヴ」なタームとして受け入れられていくその時流にぴったり重なったということです。さしたる内容のない小説や思想書が時流の勢いで名声を博してしまうということはどこにでも見られる現象です。

## 大文字化するEs

この時流という意味で、「無意識」という概念と並んで、というかこれに連動して、この時期に注目される特別な言葉がもうひとつあります。それがこれまでにもちょくちょく顔を出していた「Es」という言葉です。「Es」というのはいうまでもなくドイツ語の「それ」を表わす代名詞「es」のことですが、ちょうど「unbewußt」という否定の形容詞が概念の時熟にともなって「das Unbewußte」という大文字の名詞に変じたように、ここでも小文字の「es」が大文字の「Es」に変じていることに注意が向けられなければなりません。この概念の誕生から発展については互盛央氏の力作『エスの系譜』がありますので、くわしくはそちらを参考にしてもらうことにして、ここではこの「Es」という概念になぜ注目が集まったのかを簡単に触れておくことにしましょう。

まず出発点となる三人称中性の代名詞「es」ですが、これは英語の「it」とほとんど同じはたらきをする言葉で、既述の特定の事柄を「それ」として直接指示する、いわゆる指示代名詞です。しかし、ここで問題になるのはこの指示機能ではありません。むしろ非人称代名詞としてつかわれる場合です。英語で雨が降ることを「It rains.」と表現しますが、ドイツ語でも同じように「Es regnet.」と表現されることは、少しドイツ語をかじった人ならだれでも知っているでしょう。同類の言い回しに「Es ist fünf Uhr.（五時だ）」「Es ist mir kalt.（寒い）」「Es klingelt.（ベルが鳴っている）」などがありますが、これらはいずれも非人称の用法で、「es」自体には特定の意味がありません。この「それ」は何であるかはっきりしない、いわば匿名の状態や雰囲気のようなものです。だから「Es wird gesagt,…」というように受身でつかわれると、特定のだれかが言っているのではなく、だれともなく「そのように言われている」という意味になるわけです。このあたり日本語の「られる」の自発的用法や「もの悲しい」「もののあはれ」というときの「もの」に近いといえるかもしれません。

さらにドイツ語独特の表現に「es gibt」というのがあります。文字通りには「それが与える」なのですが、これは英語の「there is/are」やフランス語の「il y a」に当たる表現で、ただ「ある」を意味します。問題はこうした言い回しに出てくる「es」を文字通りに「何ものかとしてのそれ」と理解したら、どうなるかというところから生じてきます。あくまで不特定で、「これ」とはっきり指示できないとはいえ、それ自体何らかの力や能力をそなえた「それ」としての何ものかが「雨を降らせ」たり「与え」たりする、と考えたらどうなるかということです。この「それ」を「神」と同一視すれば、そこに神話や宗教が生じます。しかし「神が死んだ」一九世紀の思想家たちがやったのは、これを「神」の代名詞やメタファーとすることなく、あくまで不定のままでありながら、なおかつ能動的なはたらきをする特別な存在や力を言い表わす言葉として解釈することでした。

じつはさきに挙げたハルトマンの著作にもこの表現への言及があります。ハルトマンはその著作の序論でライプニッツを嚆矢とする「無意識的なもの」という概念の先駆者たちを列挙しているのですが、それが同時代人におよんだところで、こう述べています。

さらに、まるで疎遠な存在のようにわれわれのためにはたらく、ヴントの無意識の心／魂を生き生きと想わせるのは、バスティアンが『比較心理学への寄与』（ベルリン 1868）の冒頭を次のような言葉で始めるときである。つまりその言葉とは、「そう考えるのはわれわれではなくて、それがわれわれのなかで考えるのだということは、われわれの内部で起こる事柄につねに注意を向けつづけている者には明らかなことだ」（S.1）というものである。この「それ Es」はしかし、とくに一二〇―一二一頁からも読み取れるように、無意識的なもののなかに横たわっているのである。（Hartmann, ibid.S.34）

ここに言及されている「バスティアン」とはベルリンの民族学者で文化伝播説を唱えたアドルフ・バスティアンのことですが、互氏の研究によると、こうした「無意識」につながるような「それが考える es denkt」という言い回しの起源はゲーテの同時代人だったゲオルク・クリストフ・リヒテンベルクにまで遡ることができるようです（『エスの系譜』p.78ff.）。しかしハルトマンの同時代人として挙げておくべきは、やはり何といっても、ショーペンハウアーの主意説を批判的に引き継ぎ、ハルトマンを辛らつに皮肉ったニーチェでしょう。有名な『善悪の彼岸』にこういう一節があります。

論理学者たちの迷信に関しては、この迷信の信者たちがあまり認めたがらないひとつのちょっとした事実をあくことなくくりかえし強調しておきたい。——つまりその事実とは、ある考えがやってくるのは、「彼」がそう欲するからであって、「私」がそう欲するからではない、ということだ。だから、主語「私」が述語「考える」の条件だと言うのは、この事実の歪曲である。それが考える。しかしこの「それ」がちょうどあのかつての有名な「自我 Ich」だとするのは、穏やかに言っても、ひとつの仮説、ひとつの主張にすぎず、何にもまして「直接的な確信」ではない。結局のところ、すでにこの「それが考える」だけでも多すぎるくらいである。この「それ」はすでにその出来事の解釈を含んでしまっており、もはや出来事そのものには属していないからである。この場合ひとは文法の慣例にしたがって「思惟はひとつの活動である。いかなる活動にもその活動をするだれか Einer が欠か

せない。ゆえに云々」などと推理するのだ。(*Jenseits von Gut und Böse*, S. 30/1)

ニーチェは近代哲学の前提として自明視される「自我 Ich」に懐疑的でした。だからデカルトの「我考える、ゆえに我あり」にも根本的に懐疑の目を向けます。その意味で、意志を「個人/個体」に認めようとしたショーペンハウアーにさえも不満でした。だから「私が考える」に代る「それが考える」は、今日風に表現するなら、近代的思惟の桎梏ともいうべき自我中心主義を一歩相対化し脱構築するものであったのですが、引用が示すように、ニーチェの目にはそれさえもまだ言い過ぎと映ったのでした。

このニーチェの言葉に出てくる「es」とそれに対するニーチェ自身のスタンス、それが今まで見てきた一連の「無意識的なもの」を哲学的に先鋭化したものです。「それ」はもはや言葉では表現しえないものでありながら、にもかかわらず人間の思惟の担い手ないし、そういってよければ真の「主体」だという発想がここには如実に読みとれます。言い換えれば、「私が考える」のではなく、私という場を借りて、「それ」としか言いようのないものが考える、という立場です。だから「私」とはあくまで「Es」という言葉でかろうじて暗示される、匿名の能動主体あるいは意志のひとつの現われにすぎないのです。ついでにこれまでにも触れてきた「意志」の概念に関しても一言付け加えておけば、あの『ツァラトゥーストラはかく語りき』などに出てくる「力への意志」というニーチェの有名な概念も、たんなる個人や人間のそれを超えて自然全体にもおよぶ広い概念であるのは言うまでもありません。いずれにせよ、こうした「Es」はやがて二〇世紀に入ると独特の自然治癒法を進めたグロデックやフロイトの精神分析理論によってさらに肉付けされて受け継がれていくのですが、ある意味では、一九世紀末におけるこの「Es」をめぐる言説の流布は「無意識的なもの」という概念の時熟とパラレルな関係にあったと言っていいでしょう。ついでに言っておけば、われわれがターゲットとするテクストの『快原理の彼岸』というタイトルも、さきに引用したニーチェの『善悪の彼岸』にヒントを得ていると推定されます。

この講を閉じるにあたって、もう一度確認しておくことにしましょう。この講では一貫して「無意識的なもの」およびそれに連動する「Es」という概念を中心に一九世紀ドイツの思想潮流を通覧してきたわけですが、この二つの概念の特徴は何といっても、その規定不可能性ないし表現不可能性にありました。つまりそれらは「無意識的なもの das Unbewußte」というように、否定の接頭語「un-」をつかったネガティヴな表現によってしか言い表わしえないものか、または「Es」のように、もっぱら漠然と暗示的に表現する以外にないものでした。それが二〇世紀に向かって次第にポジティヴな姿をとって立ち現われてくる様子が見えたと思います。それと同時に、このあと述べるフロイトの格闘も、まさにこうした大きなうねりのなかから出てきたものであることがおおよそわかってもらえたと思います。そうです、精神分析というのは、フロイトという人物のたんなる個人的な思いつきでもなければ、突然どこからともなく降って湧いてきた奇想でもなく、むしろドイツ語圏を中心とする大きな思想潮流がたまたまフロイトという天才的な人物においてひとつの表現を得たものだということがいえるのです。

# 第二講

# 想像的解釈とメタサイコロジー

前講では「無意識的なもの」ないし「Es」という語りえないものが一九世紀をとおして次第に舞台の前景にせり出してくるさまを駆け足で追っかけながら、同時にそれが精神分析の誕生にあたっていかに大きな背景を形成したかを明らかにしました。そこでこの講では、本書のテーマであるフロイトの無意識的なものおよび死の欲動に関する具体的な仕事の検討に入る前に、そもそもフロイトがこのような語りえないものに対してどのようにアプローチしようとしたのか、その基本的な態度のようなものを明らかにしておきたいと思います。

## 暗闇の手探り

語りえないものへのアプローチは暗闇の手探りに似ています。たとえば突然停電になって普段はめったに使わない懐中電灯や蝋燭を探すというような場合を考えてみましょう。この場合は自宅や自分の部屋ですから、われわれはその部屋のなかがどのような配置になっていて、何がどこにあるかはだいたい見当がつきます。その見当にもとづいて目的の懐中電灯の置いてあるところを探し当てようとします。とはいえ、暗闇のことですから、棚やテーブルにぶつかったりしないように、ゆっくりと手探りで動かなくてはなりません。そのときわれわれは自分たちが普段いかに多くの物に配慮することなく動き回っているかを自覚させられます。

では、次にまったく未知の空間での手探りを考えてみましょう。今日では人工的に設置でもしないかぎりまったくの暗闇というのはほとんどないので想像しにくいかもしれませんが、そのときにわれわれ自身がどのように振舞うかを考えてみるのです。まったくの暗闇はいうまでもなく恐怖です。足元にさえ何があるかわからないような場合、われわれは一歩を踏み出すにも恐怖心を抱きます。俗にいう、足がすくむという状態です。それでもわれわれは、まず手探りで何か固定して掴まえられるものがあれば、それにしっかり掴まって片足をそっと前方に進め、その足元がしっかりしていれば、それを足場にしてそのまた次の一歩をというように、かなり慎重にゆっくりと動くはずです。さきのような自分の部屋であれば、そのしっかりした物が何であるかはだいたい見当がつくわけですが、ここではさしあたりただ「しっかりした物」ということ以上のことはわかりません。それでもわれわれはその曖昧な物を頼りに、いわばそれに身体をあずけながら動かざるをえません。さらに大きな困難は、この場合われわれは何を探すべきなのかさえも知らないということです。暗闇のなかでそのつど自分の身体に触れる物、それに想像をめぐらしながら、そこから自分なりにその空間を想像してみる以外にありません。だから後でその想像がちがっていたということも大いにありうるでしょう。

さて、こういう状況においてわれわれはまったく無力なのでしょうか。無力のようでいて、確かにおこなわれていることがいくつかあります。ひとつはわれわれが「試みに」自分の身体を動かしてみるということ、もうひとつはその試みの結果として得られる「しっかりとした物」を支えなり足場にするということです。しかもこの暫定的にあたえられた「しっかりした物」に対してわれわれは自分のそれまでの知見を総動員して「仮の」表象なりイメージをつくり、とりあえずそれを「信じて」次の動きに移るということが起こります。この仮のイメージはまだ確かめられたわけではありませんから、けっして「具体的」ではありえません。それはただ手触り足触りで「具体的」なだけで、相変わらず漠然としています。あえていえばそれは多かれ少なかれ「抽象的」であらざるをえないわけです。抽象的であるけれども、どこか安定性のあるもの、それが頼りとなります。われわれのおこなうことはこれで終わりません。次にこれらのそのつど出会った比較的安定した物どうしを結びつけて、そこに一種の配置関係を想い浮かべようと努力します。そしてその暗闇をなす空間全体がおおよそどのような構造になっているか、自分がそのどこに立っているかを、たとえまちがっていても、想い描いてみることになるでしょう。

以上、一般的な例に即して見たことは、そのまま「無意識的なもの」という「暗闇」の探索にも妥当します。「無意識的なもの」の核をなし、本書のターゲットともなる「欲動」へのアプローチの仕方を論じた論文「欲動とその運命」（1915）においてフロイトはこう述べています。

われわれは、学というものは明確で厳密に定義された基本概念のうえに建てられねばならないという主張が唱えられるのをしばしば耳にしてきた。だが、実際にはそのような定義で始まる学は存在しないし、そのことはもっとも精密な学にもいえる。学的活動の本当の始まりは、むしろ諸現象を記述することにあり、それがさらに分類、整理され、諸関連のなかに置かれるのだが、すでにこの記述に際して、素材に何らかの抽象的な観念（考えIdee）を当てはめるということを避けることができない。しかもこの観念はけっして新しい経験ばかりとはかぎらず、どこかから持ちこんできたものである。そのような観念は――これがその学の後の基本概念となるのだが――素材をさらに加工処理しようとすれば、いっそう欠かせないものとなる。この観念はさしあたりはある程度の不確かさを帯びざるをえない。だからその内容を明確に描き出すなどということは論外である。観念がこの状態にあるうちは、それが出てきたと思われる経験素材をくりかえし指摘することによって、その意味を納得するわけだが、しかし実際には経験素材のほうがその観念に服しているのである。したがってこの観念は、厳密にいうと、取り決めKonventionという性格をもつのだが、その場合その観念が恣意的に選ばれたものではなく、経験によって得られた素材との有意味な関係によって規定されているかどうかにすべてがかかっている。しかもこの素材との関係は、認識や証明が可能となる以前に察知できたと思われるような関係なのである。
(III, S.81)

ここで「学」と訳したのはドイツ語のWissenschaftです。これは文字通りには「知の集積体」を表わす言葉ですから、あえていえば「学」とは「一定の形式やルールを備えた知の集積体」ということにでもなるのでしょうか。いずれにせよ、この学があつかう知は経験事実そのものではありません。本質的には語りえない暗闇としての事実そのものをターゲットにして造り出された抽象的で不確かな観念とそれを介して拾い取られる(抽出される)かぎりでの「事実」です。この観念はさしずめ暗闇のなかでおずおずと差し出される手足に似ています。それが暗闇のなかにある本体に到達できるという保証はまったくないのです。それは自ずと試行錯誤とならざるをえません。だからその成果は、いつでも変更可能な暫定的な「取り決め」であることに甘んじなければならないわけです。フロイトにとってそういう試行錯誤のまっただなかにあるのが、ほかならぬ「欲動」という観念でした。

心理学にとって欠くことのできない、そのような取り決めによる、暫定的で、いまだかなり不明確な基本概念こそ、欲動という概念である。(III, S.81/2)

総じてフロイトの精神分析学的アプローチはこういう基本性格をもっているのですが、この性格がもっとも如実に、というか極端に出てくるのが、まさにわれわれのテクスト『快原理の彼岸』にほかなりません。だから、このテクストには初めから終わりまで次のような試行錯誤や自己吟味の言葉が何度もくりかえされることになります。

これから述べることは思弁、しかもしばしば過剰な思弁であり、人によってはその考え方によってこれを評価することもあるだろうし、また無視することもあるだろう。さらにはこれは、ひとつの考えを徹底して搾り尽くしてみたらどうなるだろうという好奇心に発する試みでもある。(III, S.234)

これだけでも充分驚くに価する記述ですが、この観念の思考実験ともいうべき思弁をあらかた論じ終わったところで告白される次のような言葉はさらに読者を唖然とさせることでしょう。

（しかし、批判的な思慮の言葉を付け加えないでは終わることはできない。）人は私自身はここに展開した仮説Annahmeを信じているのかどうか、またどれほどまで信じているのか、と問うかもしれない。私の答えはこうなろう。私自身は信じてもいなければ、これを他の人たちに信じてもらおうと努めるものでもないと。より正確にいえば、私自身はどれほどまで信じているのか、自分でもわからないというところである。（III, S.267）

このような自己否定的な論文というのは奇異というほかありません。フロイトの有名な評伝を著したアーネスト・ジョーンズも「全著作中にみられない独自の大胆な思索〔思弁：筆者〕を示した。彼が他のところに書いたものでこれに比べ得るものはない」（『フロイトの生涯』p.400）と言っているほどです。だから読者のなかには初めからこのような態度で書かれたものをまったくのたわごととみなす人もあるかもしれません。じじつ、その後そのような性格をもったテクストを題材にして書かれた二次的な論文や著作がさらに新たな「思弁」をくわえて言説を複雑にし、ついには最近のミケル・ボルク＝ヤコブセンやトッド・デュフレーヌのような人たちから痛烈な批判が加えられるのも、ある意味でゆえなきこととは言えません（cf. デュフレーヌ『〈死の欲動〉と現代思想』）。にもかかわらず私には、まさにこういう混乱を招くほどの問題の書にこそフロイトという天才的な人物がなりふりかまわずその知性をぎりぎりのところまで突きつめてみた姿が見えてきて、逆に大いに好奇心を煽られるのです。

## Spekulation・仮説・パラダイム

ここで、さきに「思弁」と訳した「Spekulation」という言葉について少し触れておくことにしましょう。Spekulation の訳語としてはこれまで哲学用語の「思弁」が定着していて、私もとりあえずそれにしたがったわけですが、じつはこれはあまり良い訳語ではありません。とくに「弁」の字は不適当と思われます。また Spekulation には経済用語としての「投機」があり、経済優先の今日では一般的にもこちらのほうが流布していますが、「思弁」と「投機」という訳語ではその両者の類縁性がよく見えてきません。

Spekulation はラテン語の speculatio に由来する言葉で、speculatio とはもともと「窺い探ること」すなわち「偵察」と「洞察」の両義を意味する言葉です。そのニュアンスを一般化して表現するなら、与えられた経験を超えて考察をめぐらすこととでもなるでしょうか。たとえば探偵は数少ない証拠物件（与えられた経験）からさまざまな推理をたて、捜査をおこないます。証拠物件が少なければ、当然その推理は「当て推量」になることもあるでしょう。こうした原義から後の「投機」が出てくるのも想像がつくでしょう。投資家や相場師は特定の限られたデータをもとに、それを超えた推理をたて、その思惑（期待的推理）のもとに投資をおこなうからです。その思惑は多分に主観的な期待のかかった推理ですから、当然リスクがともなうことにもなります。

哲学や思想の分野でつかわれる **Spekulation** も基本的にはこの「投機」とよく似ています。**Spekulation** とはあくまで与えられた経験的事実を超えて思索をめぐらすことであり、一般的には理性や論理（だけ）に基づいて考察をめぐらすというような意味でつかわれています。哲学史的には、よくカント以降のいわゆるドイツ観念論のその「観念論的 idealistisch」な思考方法などを spekulativ と呼んだりしています。たとえば、ヘーゲルは『精神現象学』の序文でこう述べています。

精神が現象学のなかで用意するものは、知のエレメント〔場〕である。このエレメントのなかでいまや精神の諸契機が広がっていくのだが、それは自分の対象とするものが自分自身であることを心得た単純さの形式においてである。これらの契機はもはや存在と知の対立に分散してしまうことはなく、知識の単純さのなかにとどまり、真なるものの形式における真なるものとなり、それらの相違はもっぱら内容の相違となる。このエレメントのなかで自らを全体へと組織する諸契機の運動が論理学または思弁哲学である。(*Phänomenologie des Geistes, S. 33*)

フロイトのいうSpekulationもこういう原義から離れているわけではありません。何度もくりかえすように、彼の直面している対象はあくまで「語りえないもの」でした。それは自分の目前なり、内部に直接経験される事実です。ただ、それを語る言葉が見つからないのです。言葉が見つからない以上、それがどのような性格をもっているのか、どのような構造になっているのかを明らかにすることはできません。そこで「経験的事実を超えた推理(思惑)」としてのSpekulationが一役買うことになります。それは経験的事実に基づくものであるとはいえ、一種の想像をともなった解釈のようなものですから、その推理が高ずるにしたがって、経験的事実とのつながりが不確かになり、ときには空想にも似た推理にまで進んでしまうことがありえます。さきの引用が示しているように、フロイトは自分の突きつめようとするSpekulationが経験的事実から遊離してしまうことをつねに警戒していました。しかし、ときにはSpekulation自体のもつダイナミズムに引っ張られて、自分の考えが思いもよらぬ方向に行ってしまったことにも気づいています。『快原理の彼岸』というテクストはそのSpekulationを思う存分開放してみた、いわば思考実験でもあるのです。ということから私にはSpekulationの訳語としては、これまでの「思弁」よりも、まだしも「試考」「試思」「投思」「企思」といった言葉のほうが良いように思えますし、もう少しパラフレーズするなら「想像的解釈」といったような表現が事態に接近していると思われるのですが、訳語が安定していないので、以下の記述ではSpekulationというドイツ語をそのまま使用することにします。

しかし「投思」「企思」「試思」「想像的解釈」、俗にいって「思惑」としてのSpekulationといっても、フロイトの場合はあくまでひとつの「学」を打ち立てるための基礎概念を求めるという意図のもとにおこなわれるものであることを忘れるわけにはいきません。つまりたんなる個人的な思いつきのレベルにとどまっていてはならないのです。そこでこれに関連して思い当たるのが「仮説」という言葉です。大著『フロイトを読む』を表わした解釈学者のリクールもこう言っています。

『快感原則の彼岸』はフロイトの著作のなかでもっとも解釈学的でなく、もっとも思弁的である。つまりその著作では、極限にまでおしすすめられた仮説や、発見のための理論構成などが占める部分が極度に大きいのである。死の衝動は、まずその代表〔事例：著者〕において解読されるのではなく、心的過程の働きや調整に関する〈思弁的前提〉あるいは仮説として措定されたのである。（『フロイトを読む』p.308）

「仮説 Hypothese」という言葉はもともとギリシャ語の「ヒュポテシス」に由来します。「ヒュポテシス」とは文字通りには「下に位置すること」または「下に位置するもの」を意味しますが、それが土台となって、その上にさらに積み上げることができるものというニュアンスをともなっています。だからこれも本当は「仮説」よりも「基説」とでも訳したほうがよいくらいの言葉ですが、いずれにせよ、この仮説もやはりたんなる一回的な思いつきのことではなく、それをもとにしてさらに考えを発展させることができるようなベースとなる考えを意味しています。フロイトが『快原理の彼岸』のなかでよくつかっているのは「Hypothese」ではなく、ゲルマン語系の「Annahme 仮説／仮定」ですが、基本的には同じ意味合いで理解していいでしょう。

このテクストが発表されたのは一九二〇年のことですが、じつはそれよりもやや前の一九〇二年に科学における「仮説」の積極的な意味を論じた著作が世に出ています。有名なポアンカレの『科学と仮説』です。ドイツ語圏でもこの著作は出版直後からよく読まれ、その独訳も版を重ねています。フロイトがポアンカレについて直接コメントしているものがあるかどうか、そこまでは私も知りませんが、『快原理の彼岸』が書かれたころには、ニュートンの有名な「われ、仮説を作らず」というモットーに抗するかのように、仮説への関心はすでに常識化していたと言ってよいでしょう。仮説についてポアンカレはこう言います。


あらゆる一般化はそれぞれ一つの仮説である。だから仮説には、いままでだれも異論をはさまなかった一つの必要な役割がある。ただ仮説には、いつもできるだけ早く、できるだけ何度も、検証を行わなければならない。もし仮説がこの試練に堪えられないときには、もちろん心残りなくこれを投げうたなければならない。(…)

それでは、こうしてくつがえされた仮説は結果を生まなかったか。それどころではない、こういう仮説は本当である仮説よりももっと余計に役にたったといえる。この仮説はただ決定的な実験の機会になったというばかりでなく、なおそのうえ、もしこういう仮説を作らないで偶然この実験を行なったのだったならば、何も結果を引き出せなかったろうし、そこに何も異常なことがあるとは気がつかなかったろうし、少しも帰結を導き出せないような一つの事実を目録に加えるだけだったろう。(『科学と仮説』p.180/1)

科学において仮説は不可欠です。ポアンカレのいうように、「くつがえされた仮説」でさえもこのように有意義であるとするなら、成功したものはなおさらです。そもそも今日の先端科学の状況をみれば明らかなように、実験や観察にもとづいた実証こそが命だといっても、仮説を前提にしないような実験はありえませんし、テーマや対象が深められれば深められるほど観察もまた仮説や装置に依存してきます。われわれは遠い天体の「実在」を確認したといっても、それは巨大な望遠鏡のとらえた光をさらに解析してコンピューター操作にかけて作成した「写真」を見ているだけにすぎませんが、当然それらの装置の背景にも多かれ少なかれ理論仮説がはたらいています。そういう意味では科学の世界において仮説は絶え間なく作りつづけられていると言ってよいでしょう。その膨大な仮説群のなかから一定の信憑性を獲得したものだけが、発見や公理となっていき、ときには世を画するグランドセオリーとなって新しい研究分野や学科を創出することもありうるでしょう。いわゆる「パラダイム」の成立です。

この概念は科学史家のトーマス・クーンによって提唱され、今日では広く一定の規範やモデルとなるような発想や世界観などを意味するようになっていますが、自然科学の発展などを見ていると、その歴史はまさにさまざまなパラダイムの生成消滅の歴史であるように見えます。たとえば、その展開がもっともドラスティックに見えるのは宇宙論です。プトレマイオスの天体観からガリレオを経て今日のビッグバン仮説を認める宇宙物理学への流れを通覧すればわかるように、それはたんなる直線的な進歩ではありません。一定のパラダイムがつづいたあと、やがて大きな発想上の転換が生じ、そこに新たなパラダイムが形成されて、それがしばらくつづくと、やがてまた次のパラダイムがというように、その発展の過程はダイナミックな段階的発展です。クーンはこれを「パラダイム・チェンジ」と表現しましたが、このパラダイムから次のパラダイムへの変換がどのようにして可能になるかというと、ここでまた仮説が大きな役割を果たすことになります。むろん、パラダイム・チェンジを用意するような仮説は、アインシュタインの相対性理論やビッグバン仮説のように、ごくごく稀にしか生まれませんが、しかしそれとても最初に唱えられたときはひとつの仮説にすぎなかったことは事実です（なお、科学におけるパラダイム・チェンジについて詳細を知りたい人はクーン『科学革命の構造』と野家啓一氏の優れた解説書『クーン』がありますので、その参照を願っておきます）。

こうした眼をもってもう一度フロイトのSpekulationを見なおしてみると、それはフロイトなりの「パラダイム・チェンジ」への挑戦であったと言えるかもしれません。転換をいう以上、それは何らかの既成のパラダイムからの転換ないし脱却であるはずですが、ではフロイトが脱却しようとしたのは、どういうパラダイムだったのでしょう。簡単にいうと、それは「自我／意識中心主義」にもとづいた人間精神の理解です。デカルトの「cogito（我思う）」を引き合いに出すまでもなく、われわれの精神が「私の意識」によって担われていることに疑いはありません。だから長らくそれを前提とした発想法とそれにもとづく理論が哲学や心理学の分野で一種のパラダイムのように機能してきましたし、ある意味では今でも機能しています。しかし「無意識的なもの」への注目とともに、フロイトはこの一見自明に見える前提そのものに懐疑の眼を向けたのです。つまり彼の無意識的なものに向けてのSpekulationとは、自我／意識中心主義的なパラダイムからの転換の試みでもあるのです。それが新たなパラダイムを創出しえたかどうか。ある人は諾《ヤー》を、またある人は否《ナイン》を言うでしょうが、少なくともそれがパラダイム・チェンジにも匹敵する大胆な挑戦であったことはだれもが認めるでしょう。ヒルベルト空間の登場が一八九九年、アインシュタインの特殊相対性理論の発表が一九〇五年、フロイトの『夢解釈』がセンセーションを呼びおこした一九〇〇年とは、そういう時代だったのです。

### メタサイコロジー

Spekulation や仮説にもとづいて精神分析 Psychoanalyse というひとつの新しい「学」ないしは「科学」を打ち立てることがフロイトの目指したことでした。ただたんに具体的な精神病理現象を記述するにとどまらず、その現象を超えて、その背後にあると推定されるメカニズムや力学構造を想像的に打ち立てること、この新パラダイムに向けての挑戦が、フロイトにおいて「メタサイコロジー Metapsychologie」と呼ばれるものにほかなりません。これは「形而上学 Metaphysik」という言葉をヒントにフロイトが造り出した新造語です。

「形而上学」という言葉はもとは文献を分類するうえでの便宜上の概念だったようですが、いつのまにか「meta-physica」、すなわち「自然学を超えて」物事の原因や本質を原理的に考察する学問として理解されるようになって今日に至っています。同じようにフロイトにとっても、与えられた精神病理学的経験を超えてその原因やメカニズムを掴まえることが必須の課題でした。そもそも原因がつきとめられないかぎり医者にとって治療もなにも不可能だからです。ここで与えられた経験的事実というのは病者たちの言動と彼らに対するさまざまな治療実験の結果を意味します。要するにさまざまな症状観察と治療実験の結果です。後者には前講で触れたような催眠療法やフロイトが若いころに熱中したコカイン治療の結果などが入るわけですが、フロイトが患者との間で直接おこなった対話の結果や効果などもこれに入るのは言うまでもありません。問題はそうしたもろもろの「経験的事実」からどのような着想を得て、それを学的検証に耐えられるような「仮説」にまで発展させていくかです。フロイトの一生はもっぱらそういう課題に向けて費やされたといっていいでしょう。

このメタサイコロジーが「メタ」と呼ばれるのは、たんに経験的事実を「超える」からだけではありません。それまでの心理学が「意識」の領域にとどまっていたのに対して、メタサイコロジーが意識の「背後に」それとは別のメカニズムを備えた「無意識的なもの」という領域を仮定するからです。要するに「無意識的なもの」を想定すること自体がすでに「メタ」なのです。したがってその無意識的なものの核をなすという「欲動」もまた当然「メタ」レベルの概念ということになります。つまりそれらはけっして経験的事実そのままのものではなく、あくまでそこから試みに想定された「仮説」だということです。

フロイトはこの「欲動」を核とする「無意識的なもの」へのアプローチとしてのメタサイコロジーを大きく三つの方向ないしパースペクティヴから構想しました。三つのパースペクティヴとは力動論 Dynamik、トポス論 Topik、エコノミー論 Ökonomie と呼ばれるパースペクティヴです。これらはいずれも個々にはすでになかばできあがっていた観点なのですが、一九一五年に発表された論文「無意識的なもの」あたりからそれらがまとまったかたちで考えられるようになります。われわれのテクストの冒頭でもフロイトはこう述べています。

精神分析理論においてわれわれは、心的プロセスの経過は快原理によって自動的に調整されているということをためらうことなく仮定している。つまりわれわれの信ずるところでは、この経過はそのつどつねに不快に満ちた緊張によって刺激され、その方向に向かうということ、そしてその最終結果は緊張の緩和、つまり不快の回避または快の産出と一致するということである。このような経過を顧慮しながら、われわれがこれまでに学んだ心的プロセスを考察するならば、われわれはわれわれの仕事にエコノミー論的な観点を導入することになる。われわれの考えるところでは、トポス論的な契機と力動論的な契機とならんでこのエコノミー論的な契機の価値を認める記述は、われわれが目下思いつくことのできるもっとも完全な記述であり、それはメタサイコロジカルな記述の名によって力説されるにふさわしい。(III, S. 217)

引用の前であえて三つの概念にドイツ語を残しておいたのは、私がここでも既成の訳語に疑問を抱いているからです。以下、そのことにも触れながら、精神分析の基本的パースペクティヴとされるこの三つの概念をそれぞれ簡単に説明しておくことにしましょう。

まず最初に「トポス論 Topik」から始めます。この言葉は「場所」とか「空間」を意味するギリシャ語の「トポス」に由来しますが、フロイトが「トポロジー Topologie」とは区別されたこの「Topik」という言葉で言おうとするのは、さまざまな心的装置の区別とその配置関係のことです。ちなみにラプランシュとポンタリスのよく知られた『精神分析語彙集』では以下のように定義されています。

心的装置を、さまざまな性質や機能をもち、ある順序に配置される一定数のシステムに区別する理論ないし立場のことで、比喩的にこれらのシステムを空間的な表象が与えられるような心的な場所として考察することを可能にする。(*Das Vokabular der Psychoanalyse*, S.503)

この定義にもあるように、Topik とは心的な装置を空間的場所的なイメージの助けをかりて規定しようとする観点ですが、こうしたアイデアはフロイトが若いころに脳の解剖に携わったこととも無関係ではないでしょう。ちょうど脳の各部位がそれぞれに異なったはたらきを分担しているのと同じように、ここで比喩的に仮定された心的装置もまたそれぞれに固有なはたらきをもって自分のポジションを得ているというアイデアです。そのため従来これは「局所論的」と訳されてきているわけですが、私にはどうもこのなかの「局」という言葉が気に入りません。かといって文字通り「場所論的」とするのも、心的装置を区別してそれらの配置関係とその関わりあいを記述する態度を充分に言い表わしうるとも思えません。したがってこれをそのまま原語を残して「トポス論的」と訳しておくわけです。

ところでその心的装置の区別とは、まず「意識」「前意識」「無意識的なもの」の三つの装置の区別をいうのですが、この区別とはまた別の系列として「自我」「エス」「超自我」の組み合わせもあります。これまで「第一局所論」と呼ばれてきたものが前者、「第二局所論」と呼ばれてきたものが後者にあたりますが、本書ではそれぞれ「第一トポス論」と「第二トポス論」と呼んでおくことにしましょう。

第一トポス論はフロイトが早くから立てていた仮説で、『夢解釈』（1900）の第七章に出てきます。ここでは「意識」によって抑えこまれ、もはや想い出そうにも想い出せない部分が「無意識的なもの」、またいったんは忘却されながらも場合によって再び意識の世界にもどりうる部分が「前意識」と呼ばれます。これらの配置関係はある意味では単純で、「意識」が表層部に位置し、「無意識的なもの」が深層に位置し、「前意識」がその両者の中間に位置するという配置構造をとります。

もうひとつの第二トポス論のほうはフロイトが後期になって立てた仮説で、さしあたりは「自我」が「意識」に、「エス」が「無意識的なもの」に対応すると考えたくなるところですが、後期フロイトは「自我」もまた「無意識的なもの」を含んでいると言いますので、事態はやや複雑になります。つまりこちらで明確に「意識」に対応するのは「知覚」だけで、その「知覚」と「前意識」を包みながらなかば「無意識的なもの」のほうにも足をかけて成立するのが「自我」ということになります。これに対して「エス」は基本的に「無意識的なもの」にあたると見てよいのですが、この場合は「無意識的なもの」に意味の変更が加わります。というのも第一トポス論の段階では「無意識的なもの」は原則的には「意識」によって抑えこまれた、いわば「隠蔽記憶」のことを意味していたのですが、第二トポス論では、そうした抑圧によって生じた隠蔽記憶に、さらに生命体がもともともっている本能ないし「欲動」がくわえられるからです。われわれのテクスト『快原理の彼岸』がこの第二トポス論の仮説が立てられたころの著作であることを後の論議のために覚えておいてください。残る「超自我」も大変にやっかいな概念で、フロイトによれば、これはエディプス・コンプレックスを抑えこんだ結果エスの側に生じ、それを代表しながら出てくるもので、同時に自我を道徳的に監視し拘束するので「自我理想」とも呼ばれます。それはまた自分では出自のわからない疚しさや倫理観となって表われてくるので、ある意味では無意識的なものということになります。

すでに以上のようなトポス論だけでも相当に込み入っていることがわかってもらえると思いますが、始末が悪いことに、フロイトはこうしていったん立てた仮説に次から次へと変更をくわえていくので、ますます始末がつきません。

つぎが「力動論 Dynamik」です。厳密にはフロイトのテクストに出てくるのはほとんどこの言葉の形容詞形 dynamisch ですが、これについてもまずラプランシュとポンタリスの定義を紹介しておきましょう。

> 心理的現象を、最終的には欲動に発しながら何らかの圧力をくわえるような葛藤や力関係の結果としてみる立場を表わす。(ibid, S. 125)

精神分析およびそれに類する病理学がまとめて「力動精神医学」と呼ばれたりするように、ある意味ではこれはフロイトにとっては自明の観点です。これは基本的には、さまざまな症状や心理現象をさきのトポス論にいわれるさまざまな心的装置のあいだに起こる葛藤や妥協の産物とみる立場といってもよいと思いますが、あとでも問題にするように、究極的には欲動間の葛藤が問題となります。たとえば、代表的な精神分析用語に「抑圧 Verdrängung」という概念があります。これは意識が欲動につながる考えや記憶などを無意識的なもののなかに押しもどし、そこに固定させておこうとするはたらきですが、まさにこれなどは意識と無意識的なものとの力関係と言えます。同じような概念に「防衛 Abwehr」という概念があります。また夢に関しても、睡眠中に深層から出てこようとする欲動に意識の側からの圧力がくわわるので、そこに両者の妥協が生じ、それが夢の内容を変形させるというような発想も力動論的と言っていいでしょう。このような力動論的な観点は、とくにフロイトがライバル視していたジャネの、どちらかというと静的な理論に対する批判としても強調されます。

最後がエコノミー論です。この観点はフロイトにおいてはもっとも早くに着想され、また全著作を通じて満遍なく出てくる観点です。用語としてはやはり「Ökonomie」という名詞でよりも、おもに「ökonomisch」という形容詞形でつかわれますが、これもまずラプランシュとポンタリスの定義から始めましょう。

心的な出来事は、増減可能でかつ他のエネルギーと対等となりうるような測定可能なエネルギー（欲動エネルギー）の流通や分配のなかで起こるという仮説にかかわるすべてのことがこの言葉で言い表わされる。（ibid. S. 357）

「エコノミー」とはギリシャ語で「家計」、今日ではおもに「経済」を表わす言葉ですが、抽象的に「やりくり」ないし「やり取り」一般を指すこともあります。ちょうど経済が金銭のやりくりであるとするなら、ここでは何らかの「心的エネルギー」のやりくりややり取りが問題になります。ラプランシュとポンタリスも指摘しているように、このエネルギーは「増減可能」で「測定可能」、しかも「流通や分配」もされるというわけですから、その意味で確かに経済現象に似ています。だからフロイトが「興奮量」などと言うような場合は、まずこのエコノミー論的な観点が問題となっているとみていいでしょう。

フロイトによれば、心的エネルギーは表象や対象、つまりイメージや物と結びつくのですが、これを表わすのが「Besetzung」という特殊用語です。この言葉は普通には「占有」「占拠」を意味する言葉です。だから心的エネルギーも何らかの表象や対象を「占める」というわけなのですが、いま述べたように、それは同時にエネルギーのやりくりをも意味するので、これまでは「備給」と訳されてきました。おそらくこれは「備蓄」と「供給」の両義を含めようというところから工夫された訳語でしょうが、なかなかよく考えられていると思います（ちなみに英語ではギリシャ語から借りてきた「cathexis」という言葉が当てられていますが、やや物足りない感じです）。この「備給」という特殊用語はさらに「逆備給」「過剰備給」というような派生表現を生み出して、まさにエネルギーの供給関係や備蓄状態を表現することになります。こうした観点の代表的な例がよく知られた「リビドー」とよばれる性愛エネルギーを仮定した論議でしょう。

こうして見てくると、これら三つのパースペクティヴに共通するものがあることがわかります。それはいずれにおいても心的な「装置」と心的な「エネルギー」が問題になっているということです。トポス論ではおもに「装置」とその配置関係が、また力動論とエコノミー論ではその装置内または装置間での「エネルギー」の運動および備給関係が探索されるというかたちになっています。その意味では、フロイトのメタサイコロジーの発想は基本的に「形而上学」というよりも、むしろ一種の機械論――それも非常に抽象化されたかたちでの――に近いと言ってよいでしょう。ちなみにラパポートとギルはメタサイコロジーの観点として、以上の三つにくわえて「発達論」「環境適応論」の二つを指摘していますが、これは後の解釈ですし、こういう観点までも「メタサイコロジー」と呼ぶのはいささかミスリーディングではないかと私には思われます。「メタサイコロジー」というのは、あくまで経験的事実を超えた大胆な想像力にもとづく抽象的な仮説理論のことですから。

# 第三講　反復強迫の射程

前二講分を長い前置きとして、これからいよいよ問題のテクスト『快原理の彼岸』の中身に入っていこうと思います。このテクストに依拠しての論議では、「はじめに」でも述べたように、「無意識的なもの」の中心部に想定される「死の欲動」という概念が最終ターゲットになりますが、ここではまずフロイトがその究極概念に思いいたることになった具体的なきっかけをいくつか検討してみたいと思います。

## 戦争の影

まず死というテーマがフロイトに大きくのしかかってきた理由としては、このテクストの書かれた一九二〇年ごろの時代的影響があります。いうまでもなくそれは一九一四年から数年間にわたってヨーロッパ全土を巻きこんだ第一次世界大戦の直後だということです。知られているように、この大戦の発端となったオーストリア＝ハンガリー帝国はドイツ帝国と同盟を結んで敗北を喫し、その後の深刻な政治的経済的荒廃をもたらしたわけですが、この戦争がフロイトの考えに大きな影を投げかけることになります。まず戦時中の一九一五年にフロイトは雑誌『イマーゴ』に「戦争と死に関する時評」という論文を発表します。ここで論じられるのは次の二点です。

第一点は、よりによって戦争という野蛮な手段を克服してきたと期待されていた文明国で、しかもかつてないほどの残酷な戦争が引き起こされてしまい、そこに大きな失望感が広がったということです。第二点は、文明化によって人々の意識から遠ざけられていた死が直接的なかたちで露出し、死に対するわれわれの態度にあらためて変更が余儀なくされたということです。フロイトは言います。

戦争はわれわれから後にできた文化という地層をはぎとり、再び原始人を登場させる。それは再びわれわれに自らの死を信ずることのできない英雄であるように強いる。それはわれわれに見知らぬ人間たちは敵だと教え、その死をもたらしたり願ったりするべきだという。戦争はまた自分の愛する人々の死を無視するように勧告もするのである。(IX, S.59)

二つの観点に共通するのは、戦争によって人間は原始の時代に退行させられたという考えです。戦争における残虐な暴力の露出も死への異常な態度も、ともにその退行の現われだということです。「退行 Regression」というのは精神分析用語で、個人の心的機制が幼児期ないし初期の段階にもどってしまうことを意味する言葉ですが、それをここでは集団や国家にあてはめて解釈しようとしていることがわかります。じじつ、やがてフロイトは『集団心理学と自我分析』(1921)という著作を世に問うことになるでしょう(ここでは詳しく述べませんが、こういう観点からのフロイトの戦争観に関しては、後の一九三二年に国際連盟下にあった知的国際協会の要請でアインシュタインとの間に交わした興味深い公開往復書簡があり、私も一度拙著『憂鬱な国/憂鬱な暴力』のなかでこれについて論議したことがありますので、それを参照していただけると幸いです)。

とはいえ、この戦争や死の解釈はわれわれのテクストにとっては二次的な意味しかもちません。ここにはわれわれがターゲットに据える「死の欲動」というような発想はまったく見られないからです。じつは戦争はもうひとつ別の影を精神分析医としてのフロイトに投げかけたのです。フロイト自身はウィーンにいて戦地に出ることはなかったのですが、そのかわり医師ないしカウンセラーとして多くの帰還兵の面倒をみる立場にありました。なかでもトラウマに襲われる神経症つまりノイローゼを得意分野とするフロイトの関心を引きつけたのは「戦争神経症」と呼ばれる心理障害です。比較的新しい例でいえば、一九八〇年ごろヴェトナム戦争から帰ってきたアメリカ兵の心理障害が問題になったときに「(心的)外傷後ストレス障害PTSD」と呼ばれたものがそれに当たります。そのころロバート・デ・ニーロが主演した『ディア・ハンター』という話題になった映画がありましたが、あそこに描かれた帰還兵たちの悪夢や異常行動がそうです。具体的にはどんな症状なのか、やや長い引用になりますが、参考のために『DSM-IV-TR（精神疾患の診断・統計マニュアル）』最新版での説明を紹介しておきましょう。フロイトの時代でもあまり変わらないはずですから。

外傷的な出来事はいろいろな形で再体験されうる。その人は、その出来事を反復的、侵入的に思い返している、またはその出来事が再演される苦痛な夢を反復して見ていることが多い。まれではあるが、その人が解離状態を体験することがあり、それは、数秒から数時間続くが、何日か続くこともある。その間その出来事の要素が再現され、その人はその出来事を今体験しているかのように行動する。これらのエピソードは通常〝フラッシュバック〟と呼ばれ、典型的には短時間のものであるが、遷延する苦痛と覚醒の亢進を伴っていることがある。外傷的出来事のある側面に類似した、またはそれを象徴している誘因的出来事（例：外傷的出来事の起こった日と同じ日付／冷たい気候での死のキャンプからの生存者にとって、冷たく雪の降る天気または制服を着た警備員／南太平洋の戦闘に参加した退役軍人にとっての蒸し暑い天気／エレベーターで強姦された女性にとって、エレベーターに乗るときはいつも）にその人が暴露されると、強い心理的苦痛または生理学的反応性がしばしば起こる。

外傷と関連した刺激は持続的に回避される。一般に、その人は、外傷的出来事と関連した思考、感覚、または会話を回避し、外傷的出来事を想起させる活動、状況または人物を回避しようと意図的に努力する。想起させるものへの回避には、外傷的出来事の重要な側面の健忘が含まれることがある。〝精神的麻痺〟または〝情緒的麻酔〟と呼ばれる外的世界への反応性の減退は通常、外傷的出来事のすぐ後に始まる。以前楽しんでいた活動への関心、または参加の著しい減退、他の人から孤立している、または疎遠になっているという感覚、または情緒（特に、親近感、優しさ、および性愛と関連したもの）を感じる能力の著しい減退を訴えることがある。未来が縮小した感覚をもつこともある（例：仕事、結婚、子供、または通常の寿命を全うすることを期待しない）。

その人は、外傷以前には存在していなかった不安または覚醒亢進の持続的な症状を示す。これらの症状は、外傷的出来事が再現される悪夢の反復によると思われる入眠困難または中途覚醒、過度の警戒心、過剰な驚愕反応である。なかには、いらだたしさまたは怒りの爆発、または集中または課題の達成の困難を報告する人もいる。（『DSM-IV-TR』p.447：基準記号省略）

第一次大戦終結直前の一九一八年九月にブダペストで第五回国際精神分析学会が開かれ、ここで戦争神経症が中心テーマとして取り上げられます。この時点で初代会長に祭り上げられていたユングはフロイトとの不和もあって脱会しており、学会の中心はフロイト、フェレンツィ、アブラハム、ジンメル、ジョーンズが占めていました。緊急のアクチュアルな問題ということで、この学会には例外的に各国の官庁代表なども聴衆として参加しています。終戦宣言をはさんでこの会議の結果が『国際精神分析叢書』の第一巻として出版されたとき、フロイトはこれに序言を寄せます。そしてこの短い序言のなかで注目すべき発言をしているのです。それはこういうことです。

それまでの精神分析理論によれば神経症というのは、基本的に「自我と自我によって斥けられた性的欲動との葛藤」から生まれる、言い換えれば「不首尾に終わった愛」または「満たされないリビドー」が原因となって神経症が発症するという立場でした。この型に当てはまるのが「転移神経症」と呼ばれるものです。ところが戦争神経症をはじめとする外傷（トラウマ）性の神経症にはこのテーゼが簡単に当てはまらないのです。学会の論議を通じてフロイトはあらためてこのことに気づかされました。それは同時にリビドー論が他の病理にも一律には有効でないことを確認させられる機会でもありました。フロイトは正直に書いています。

普通の早発性痴呆症［おもに今日の統合失調症：筆者］、パラノイア、メランコリーなどは、リビドー理論の証明やその理解への導入には基本的にまったく不適当な素材であり、そのため転移神経症をおろそかにあつかう精神病医もこのリビドー理論を受け入れられないでいる。この点に関してもっとも頑なのがつねに外傷性神経症であった。（G.W. Bd.12, S.323）

こう正直に実情を認めたうえで、にもかかわらずフロイトは普通の転移神経症と戦争神経症を含む外傷性神経症の両者を統一的に解釈できるような理論の必要性を訴え、この序言の最後に次のような注目すべき一文を記します。

いずれの場合にも、自我の毀損に対する恐れがある——それは後者［転移神経症］にあってはリビドーによる、前者［外傷性神経症や戦争神経症］にあっては外的暴力による。戦争神経症で恐れられているのは、純粋な外傷性神経症とは異なって転移神経症に近く、むしろ内的な敵だと言えるかもしれない。こういう統一的把握を妨げるような理論的困難は克服不可能なものではないように見える。(ibid. S. 324)

論理矛盾に気づかれたでしょうか。フロイトはいったん戦争神経症を外傷性神経症と並べて、それらは「外的」な暴力に対する恐れに発すると言っておきながら、同時に戦争神経症には転移神経症と同じように「内的な敵」があると言っているのです。しかし、この論理矛盾はたんなる筆の誤りなどではありません。むしろこの「内的な敵」という表現はわれわれのテクストにとって決定的な意味をもちます。なぜならこの「内的な敵」としての「暴力」こそ、フロイトがまもなく「死の欲動」として仮説的に想定するものに直結していくからです。

要するに、この短い序言の意味はこういうことにあります。苛烈な戦場での体験がその後外傷(トラウマ)となって患者をたびたびパニックに陥れるという事態を前にして、フロイトはそれまでの性愛(リビドー)を中心にした自分の欲動仮説に疑問を抱き始めました。というのも、それまでの仮説では、たとえば夢の本質は基本的に性愛を中心とする願望の充足ということになっていたのですが、そうだとすると、戦争神経症の患者たちが願望どころか忌避すべきはずの恐怖をわざわざ夢に見ることの説明がつかないからです。それとも人間の深層すなわち「内部」には、あえて恐怖をも願望してしまうような何か暗い性格が宿っているのか、そうフロイトは考え始めたということです。

ここでもういちど前講で引用したポアンカレの言葉を想い出してほしいと思います。「もし仮説がこの試練に堪えられないときには、もちろん心残りなくこれを投げうたなければならない。（…）それでは、こうしてくつがえされた仮説は結果を生まなかったか。（…）もしこういう仮説を作らないで偶然この実験を行なったのだったならば、何も結果を引き出せなかったろうし、そこに何も異常なことがあるとは気がつかなかったろう」とポアンカレは言っていました。まさにフロイトは前の仮説を立てていたからこそ、それに合わない「異常なこと」を発見することができ、そこからまた新たな仮説への意欲を掻き立てられたのです。

はたして、一年後に発表されるわれわれのテクストにそのことが出てきます。このテクストのタイトルは『快原理の彼岸』ですが、この「快原理 Lustprinzip」というのはそれまでの精神分析理論を支える中心仮説としてのリビドー論です。快・不快の量やそのやりとりが問題になるリビドー論が前講に述べた「エコノミー論」と重なっていることは見やすいでしょう。ただし、フロイトはこのころには、性愛にもとづく快原理をそのまま放任すると個体を危機に陥らせることになるということから、それを抑えるべく「現実原理」がはたらき、いわばその両者の拮抗関係において快・不快が生じるという立場を確立していました。いわゆる快原理と現実原理の二元論的立場です。問題はこうした従来の仮説理論で外傷性神経症や戦争神経症において著しい「不快」が充分に説明できるかということです。われわれのテクストは言います。

激しい機械的な振動による衝撃、列車衝突またその他の生命に危険をおよぼす事故のあった後、長らくひとつの（心理）状態のことが報告され、やがてそれに「外傷性神経症」という診断名が与えられた。たった今終わったばかりのひどい戦争はそのような病気を大量に発生させ、少なくとも、この病気を機械的な暴力のもたらした神経システムの器官的損傷に帰そうとする（理論的）誘惑は道をふさがれた。（…）この戦争神経症についても、また平和時の外傷性神経症についてもこれまでのところ充分な理解は得られていない。戦争神経症においてわれわれを啓発すると同時にまた当惑もさせたのは、ときどき（平和時の外傷性神経症と）同一の病状がひどい機械的暴力がなくても生じたということである。（III, S.222）

これは端的にいって、戦争神経症が既成の理論や仮説ではとらえきれないこと、その意味で既成理論の「彼岸」にあることを告白したものと解釈できます。戦争神経症はその限界を知らしめる大きなきっかけだったと言っているのです。では、これに対するフロイトの新解釈はどうなのかというと、これには「不意打ち」という要因が重要な意味をもっているのではないかとする自分の簡単な思いつきを述べたり、トラウマ体験への固着が問題だとする、どちらかというとありふれたフェレンツィやジンメルなど学会メンバーの解釈をあっさり紹介するだけで、この時点ではまだ自説を保留にします。かわりにフロイトがとったのは迂回戦略です。つまり戦争神経症によって与えられた難題を念頭に置きながら、いったん一見それとはまったく関係のない事柄に話を移し、その迂回路を経て再びこの問題に帰ってこようとする記述方法がとられます。その迂回路を経て得られる結果がわれわれのターゲットに一致するのですが、しばらくはこのフロイトのとった迂回路に付き合うことにしましょう。

### いないいない・ばあ遊び

この迂回路の最初に出てくるのが、これまで何かと引用参照されてきた、あの「いないいないい・ばあ Fort-Da」遊びです。有名な話なのですでに知っている人も多いと思いますが、いちおう念のために簡単に紹介しておきましょう。

ことはフロイトの個人的な体験に起因しています。あるときフロイトは生後一年半になる男の子と数週間ほど一緒の時を過ごす経験をします。われわれのテクストではあくまで抽象的に書かれていますが、実際はこれはハンブルクに住む次女ゾフィの子供、すなわち自分の孫エルンストの話です。この子は母親に可愛がられ行儀も良い子だったのですが、ときどき手に持ったおもちゃを放り投げるのでした。そしてそれを放り投げるたびに「オーオーオーオー」という声を発します。フロイトと母親はこれを「いない Fort」の意味に解釈し、この声をともなった放り投げを一種の遊びとみなします。あるときこの子が糸巻きを持って同じ遊びに興じます。このときは紐の端を持って糸巻きだけを投げたので、その紐を引っ張ると、いったん消えた糸巻きがまた姿を現わします。そしてそれが現われるたびに子供は「ばあ Da（あった／いた）」という声を発したというのです。こうしてフロイトはこの一連の行為が「いないいない」と「ばあ」、すなわち消失と再来がセットになった遊びであることを確認します。

フロイトはやがてこの遊びが人間にも向けられるのを知ります。その具体的な様子は本文のなかではなく、原注のかたちで紹介されるのですが、大事な記述なので、これはそのまま引用しておくことにしましょう。

（…）ある日母親が何時間も留守にして家に帰ると、「ベビ、オーオーオー」という最初は理解のしがたいメッセージで迎えられたのであった。しかしやがて、その子がずっと一人でいるあいだに自分の姿を消す方法を見つけ出していたことが明らかになった。その子は床まで届く姿見に映る自分の姿を発見し、ついでその鏡像が「いなくなる fort」ようにかがみこむのであった。（III, S.225）

この箇所はラカン派の人たちがその「鏡像段階」論を論ずるときにかならずといってよいほど引用しているのでよく知られていることでしょうが、われわれが問題にしたいのはそのことではありません。この原注をも考慮に入れながら、フロイトはこの子供の「いないいない・ばあ」の遊びは母親が「いないいない」になる現実を自分なりに加工演出して受け入れる方法だったと解釈します。だとすると――これがここでのフロイトの一番の関心なのですが――母親がいなくなることはこの子にとってけっして好ましいはずではないにもかかわらず、なぜこの子はそれを喜んで遊ぶのかという疑問です。フロイト自身の言葉でいえば「その子が自分にとっていやな体験をくりかえすのは、快原理とどう折り合うのだろうか」という疑問です。これにつづく箇所でフロイトはとりあえず考えられる解釈として二つの推理をおこないます。

ひとつはこうです。この子供は初めは受動的なかたちで母親の不在という体験に見舞われたのであったが、やがて自ら能動の側に転じ、不快に満ちたその体験を遊びとしてくりかえしたのではないかという推理です。この場合は背景に「占有欲動 Bemächtigungstrieb」がはたらいているのかもしれないとフロイトは言いますが、この「Bemächtigungstrieb」というのは正確にはどういう意味でつかわれているのか私にははっきりしません。もうひとつの推理は、子供が物を投げることによって、自分を置き去りにした母親に対して抱く「復讐衝動」を表わしているのかもしれないという推理です。フロイトはどちらの推理が正しいかはわからないと言うのですが、この「占有欲動」も「復讐衝動」も、あくまで既成理論の範囲内で解釈可能な解答を試みただけのもので、フロイト自身これらの解釈を本気で受け入れている様子はありません。むしろここでは不快なことの反復という事実さえ確認できれば充分だという態度がうかがわれます。つまり真の解答は先送りにされるわけです。

このエピソードに関連してついでに触れておきますと、この話に出てくる母親、すなわちフロイトがもっとも可愛がっていたといわれる次女のゾフィはちょうどこのテクストが発表される年の初めに亡くなっており、その死がこのテクスト執筆に影を投げかけているのではないかという推測が当時からあったようですが、ジョーンズの評伝によれば、フロイト本人はこのテクストのアイデアはすでにそれ以前から抱いていたものだと言っているそうです（『フロイトの生涯』p.399-400）。このテクストにかぎれば、私もそういう推測にはあまり意味がないように思います。

## 反復される不快

さきのエピソードをとおしてのフロイトの狙いは発達論的な鏡像段階のことではありません。テクストの文脈からいっても、狙いはあくまで外傷性神経症や戦争神経症とのつながりにある問題です。これらとエピソードをつなぐ共通点、それは当人にとって不快や苦痛であるはずの事柄を自らすすんでくりかえしてしまうという事態です。言い換えれば、自分の意識は望んでいないにもかかわらず、そうせざるをえないように「強迫 Zwang」がはたらいてしまうということです。

「強迫」というのは精神病理で当人にとっても不合理と思われる観念や行動が支配的になって取り除けなくなってしまうことをいう言葉ですが、その取り除けなくなってしまった観念を「強迫観念」と呼びます。さらにその観念が異常な恐怖をもたらすのを「恐怖症」ないし「フォビー」と呼びます。私事ですが、私もかつて若いころにトンネルが異常に怖くて、列車がトンネルに突入するたびに恐怖に襲われて急に動悸が激しくなり、ついで呼吸困難になって、ひどいときには失神直前の状態になってしまうことがありました。周りの乗客たちから奇妙な目で見られたことを覚えていますし、真っ青な顔のまま家に着いて数十分横になっているとケロリとなってしまうので家人があっけにとられるというようなこともありました。これなどは典型的な強迫神経症、具体的にはトンネル恐怖症ということができるでしょうが、高所恐怖症の人にはこの恐怖感はよく理解できると思います。

　同じように、広場に出ると恐怖に陥って、いつも広場の端を歩かなければならなかったという、通称「アゴラ・フォビー」に悩まされていたフロイトが関心を向けるのは、この恐怖をもたらす強迫が当人の意志に反して反復されてしまうという事態です。いわゆるこれが「反復強迫」と呼ばれる症状にほかなりません。精神分析医としてのフロイト自身の言葉でいえば、治療や面接に臨む医者は患者に「過去の一断片を想い出し」てもらうことを期待しているのに、患者自身は「その抑圧されたものを現在の体験としてくりかえしてしまう」という事態でもあります。

　フロイトによれば、こういう反復強迫は神経症でない人にも見られるもので、たとえば「人を庇護してしばらくすると、かならず恨まれて去られてしまう慈善家」「だれと友人関係を結んでも、かならずその友人に裏切られて終わる人」「自分のためにも、また世間のためにも他人を大いなる権威に持ち上げておきながら、適当な時期が来ると、新しいものに置き換えるために、その人の権威を自分から貶めることを自分でも気づかないほど何度もくりかえして人生を送る人」「どんな恋愛関係も同じ経過をとり、同じ結果に終わってしまう人」などがそうだと言いますので、私のみならず心当たりのある人も少なくないでしょう。まるで宿命のごとく不幸な結果を何度もくりかえしてしまうタイプの人です。私にはこれらの例はフロイトが自分を含めたごく身近な関係から拾ってきているように感じられます。このように病気であるか病気でないかを問わず、あまねく見出すことのできる広義の反復強迫の例を示しておいて、フロイトはいよいよ自分の本音を顕わにしてきます。

転移の関係や人間の運命から見てとれるこのような観察に関して、われわれは次のような仮説を立てる勇気を見出すことだろう。すなわちそれは、心的な生のなかには快原理を超え出るような反復強迫が本当にある、という仮説である。われわれはまたいまや、事故神経症者の夢や子供の遊びへの原動力をこの強迫に関係させるのに乗り気になっている。(III, S.232)

フロイトは「勇気」という言葉をつかっています。つまり、反復強迫はこれまでの快原理の枠に収まらない、すなわち「快原理の彼岸」にあるとするこの仮説は、普通にある確かな実証にもとづいて立てられる仮説とはややちがうということです。それは前講で説明したような大胆な想像的解釈を駆使した Spekulation であり、「投機」の行為にも似た「勇気」のいる決断だからです。つまり、この先からいよいよフロイトの本論が始まるということですが、その本論部に入る前に私が以前から抱いている疑問をひとつ提出しておきたいと思います。これもやや「勇気」のいる疑問提出かもしれません。それはフロイト理論の根幹に置かれて、精神分析といえばかならず取りあげられる有名な「エディプス・コンプレックス」の話に関係します。

## オイディプス再考

これも基礎知識の簡単な確認から始めます。「エディプス・コンプレックス」という概念はフロイトがギリシャ悲劇作家ソフォクレスの『オイディプス王』からヒントを得てつくった精神分析用語です（ちなみに「オイディプス」と「エディプス」はギリシャ語とドイツ語の違いだけで同一人物です。いわば「ルシュン（魯迅）」を「ロジン」と発音するようなものです）。後の論議のためにも、まず簡単に悲劇のプロットを記述しておきます。

その昔テーバイの国にライオス王とその后イオカステがあって、二人の間にオイディプスという息子ができます。しかしデルフォイのお告げによると、この子は後に父を殺すという不吉な宿命を負っているということで、従者に抹殺が命じられるのですが、同情もてつだって、けっきょくキタイロンの山中に捨てられることになります。

養父母のもとで成長したオイディプスは、やはり親殺しのお告げを受け、それを避けるために旅に出るのですが、あるとき道ですれちがった一行があまりに無礼をはたらくので、怒ったオイディプスは一行の頭目とおぼしい人物とその従者を、自分の父ライオス王とも知らず、殺してしまいます。

やがてテーバイの国に入ったオイディプスはその国がスフィンクスという怪物に悩まされているのを知ります。スフィンクスは「一つの声をもちながら、朝には四つ足、昼には二本足、夜には三つ足で歩くものは何か」という謎かけをしては人々を困難に陥れていたのですが、お告げでは、この謎を解けば災厄から逃れられるとされていました。国王代理を務めていたクレオンは、この謎を解いてスフィンクスを追い払ったものにはこの国と未亡人のイオカステを与えるという御触れを出します。そして旅人だったオイディプスが首尾よく謎を解きます。よく知られているように、この答えは「人間」でした。かくして不在の王に代わって王位に就き、イオカステの夫となります。この近親相姦の関係からは男女二人ずつの子供が生まれ、その娘のひとりが、やはりギリシャ悲劇を代表することになるアンティゴネーです。

しかし、オイディプスの国王就任後も国にはさまざまな災厄がつづき、預言者などをつかって原因を探らせると、この国には前王を殺害した犯人がいるからだというお告げを得ます。救国の主を自負するオイディプスは自分が当の人物であることも知らず、国中に御触れを出したり、預言者を動員したりしてその人物を探し出そうとするのですが、探索が進むにしたがって徐々に真実が明らかになっていき、それを知ったイオカステは自害し、オイディプス自身も絶望にかられて、彼女が身につけていたブローチの針で自分の目を突き刺して、ついには国外追放の身になるという話です。

こういうソフォクレスに代表される典型的なギリシャ悲劇のなかに神と人間、家族と国家のあいだの葛藤を読みとり、そこに人倫の「運命」を読みとったのはヘーゲルでしたが（『精神現象学』第七章「宗教」参照。ただし厳密には、ヘーゲルが「運命」劇の典型として好んで取りあげたのは『オイディプス王』よりも『アンティゴネー』のほうですが）、フロイトはこのオイディプスの物語のなかに人間心理の原型を見出そうとしたのでした。それは簡単にいうと、こういうことです。

人間社会が一対の男女とその子供を核にして家族を形成しているところでは、その成員同士のあいだのリビドーのやりとりが問題になります。生まれたばかりの子供は口唇期にあって、性愛の対象は授乳してくれる母親になります（ただし、性愛といっても成人のそれと同一ではありません）。ところが母親はもともと父親との性愛関係にありますから、子供にとって父親は嫉妬の対象ということになります。フロイトによれば、子供は成長とともにこの関係を学び、自分のなかにある母親への愛とその断念、父親への嫉妬ないし憎しみを心の傷として自分のなかに仕舞い込むというわけですが、仕舞い込まれて自分でも意識できないこの原初の心の傷が「エディプス・コンプレックス」と呼ばれるわけです。

さらにフロイトは、このエディプス・コンプレックスが無意識的なもののなかに形成される過程で、父親による去勢を怖れる子供は、愛憎なかばする父親を一種の権威として取り入れ、自らをそれに同一化するので、その結果として子供のモラルや倫理意識が生まれてくるといいます。この内的な権威として取り入れられた父親が第二トポス論に出てくる「超自我」と呼ばれるものにほかなりません。ラカン派では好んでこれを「父の名」とか「大文字の他者」と呼んだりします。またこの父・母・子の三者によるトリアーデを「エディプスの三角形」などと表現することもあります。

いずれにせよ、このような三角関係の葛藤からどんな人間にもエディプス・コンプレックスが認められるはずだとフロイトは考えたわけですが、この考えには反対意見もあって、こうした仮説はそもそも男性中心主義ないしファロス中心主義のイデオロギーを肯定するだけだとするフェミニズムからの批判がありますし、またこれは一九世紀精神医学の完成にすぎず、結局は「帝国主義」を支える装置にすぎないとするドゥルーズとガタリによる辛らつな批判もあります(『アンチ・オイディプス』参照)。私としてはいまこれらの批判に立ち入るつもりはありません。それは別のコンテクストで正面からまっとうに論議されるべき問題だと思いますから(ドゥルーズとガタリに対する私の違和感については拙著『父と子の思想』第七章で少々論じたことがあります)。

私が提起したかった疑問というのは、むしろあくまでフロイトの仮説を認めたうえでのものです。オイディプスの物語に眼をもどしましょう。いま見たように、フロイトはこの物語からエディプス・コンプレックスを着想したわけですが、私には同じ物語がわれわれのテクストにつなげても解釈できる要素を含んでいるように見えるのです。ヘーゲルがギリシャ悲劇に読みとった「運命」という言葉がそのヒントになります。

オイディプスの物語は一貫してお告げに支配されていました。とくに父殺しというお告げはどこにいってもオイディプスを拘束するものとなって出てきます。だから実の父親ライオス王もオイディプス自身もそれを避けようとするのですが、結局は不可能に終わってしまうのでした。こういうところから、ヘーゲルのように、ここに「運命」を見る者もあるわけですが、自らおぞましいことを避けよう避けようとあがきながら、結局はそのなかにはまりこんでいくというこの「運命的」なプロットこそ、まさにわれわれがさきに見た「強迫神経症」ないし「反復強迫」と同じではないでしょうか。

あまりポピュラーではありませんが、ドイツ語圏の精神病理学用語に「Anankasmus」という概念があります。おもには「anankastische Persönlichkeitsstörung」というように形容詞形でつかわれ、「制縛型人格障害」と訳されます。これはさきほどつかった『DSM-IV』にも出ている障害のひとつですが、この診断基準の内容は強迫神経症とほとんど変わりません。だから精神科医のなかにも両者を区別しないでつかっている人が多いと思います。問題は、これがなぜ「Anankasmus」と命名されたのかということです。この言葉はギリシャ語の「アナンケー」からヒントを得て造られた言葉ですが、この「アナンケー」とはギリシャ神話で「運命」「必然性」を象徴する女神の名で、一説には同じく「運命」を表わす神「モイラ」（三柱の女神）の母とも言われています。ヘーゲルがギリシャ悲劇に読みとったのはこの「モイラ」としての運命でした。

私の言いたいことは、つまりこういうことです。フロイトの仮説を前提にして読むと、フロイト自身は直接言っていないのですが、オイディプス王の物語はエディプス・コンプレックスのモデルだけではなく、同時に強迫神経症のモデルをも提供しているのではないかということです。両者をつなぐポイントは超自我という審級を形成する内面化された父です。あたかも運命のようにはたらく制縛や強迫とは、超自我がモラルや倫理意識のレベルをさらに超えて過剰にはたらくときに生じてくるものと考えられるのではないでしょうか。あくまでフロイトの理論にしたがった場合での話ですが。

第四講

# 死は欲動するのか

さて、ようやく本論です。われわれのテクストでいえば、その第五章に当たります。しかし、この本論がのっけから前も引用した次のような文章で始まるのです。

これから述べることはSpekulation、しかもしばしば過剰なSpekulationであり、人によってはその考え方によってこれを評価することもあるだろうし、また無視することもあるだろう。さらにはこれは、ひとつの考えを徹底して搾り尽くしてみたらどうなるだろうという好奇心に発する試みでもある。(III, S. 234. なお、こちらではSpekulationをそのまま残しました)

というわけですから、われわれもこのフロイトの冒険に満ちたSpekulationに大いなる好奇心をよせながらも、またそれに充分注意しながら付き合うことにしましょう。

## 外傷性神経症のしくみ

前講でわれわれは、ことの発端が戦争神経症、外傷性神経症、反復強迫といった、たがいに類似の現象にあることを知りました。そこでフロイトは自分のメタサイコロジーを駆使して、まずこのなかの外傷性神経症のしくみを解き明かそうとします。あらためて確認しておけば、

「外傷」とは「トラウマ」、すなわち何らかのショッキングな体験が心の傷となって残ったもので、後になっても当事者に強い不安やパニックをもたらしたりする原因となるもののことです。これについてのフロイトの想像的解釈を簡単に言えば、こういうことになります。

まず第二講の「トポス論」を想い出してください。これは意識・前意識・無意識的なものの三つの心的装置とその配置関係のことでした。このうちトラウマの形成で直接問題となるのは意識です。意識の先端を形成しているのが知覚であることは前に述べたとおりです。カントの認識論が感性論で、またイギリスの経験論がやはり感覚的な印象で始まるように、われわれはまず感性的知覚をとおして外部にある対象と出会います。言い換えれば、知覚は外界と内界との境界ないし接点に位置するわけですが、フロイトはこの境界にある知覚のはたらきを擬似生物学的なイメージを借りて次のように説明します。

> 生きた有機体を最大限に単純化して、刺激に反応する物質からなる未分化な小胞と想定してみよう。そうすると、外界に向けられたそれの表面はその位置におうじて自ずから分化し、刺激受容の器官としてはたらく。(III, S. 236)

あくまで「想定」と言っていることにご注意願いますが、こう仮定しておいて、さらにフロイトは次のように言います。

この生きた物質からなる小胞は非常に強いエネルギーに満たされた外界のただなかを浮遊しており、刺激保護 Reizschutz を備えていないと外界からの刺激作用によって打ち負かされてしまうであろう。だから小胞は刺激保護を獲得することになるのだが、その与えられ方は次のようなかたちでおこなわれる。すなわち小胞の一番外側にある表面がその生命体にふさわしい組織を放棄し、ある意味では無機物となって、特別な外皮または皮膜として刺激に耐えるようにはたらくということ、つまり、外界のエネルギーがその強度の一部分だけをともなって、その奥にあるまだ生きている層に進むことができるということである。(III, S. 237)

これはいうまでもなく、眼や耳などの知覚器官のことを念頭に置いた記述で、さしあたりは生物学的な記述ということになるのですが、しかしフロイトの狙いは知覚器官の発生を解き明かすことではなくて、あくまで「知覚＝意識」の構造をなかばアレゴリーとして説明しようとしていることを忘れてはなりません。つまりここから読みとれることは、フロイトのトポス論における意識というのは外界と内界を調整しながら仲介する特殊な心的装置だということです。こうしたアイデアはけっしてその場の思いつきではありません。この発想はかなり古く、フロイトが精神分析理論を確立する以前の一八九五年から翌年にかけて、当時の脳解剖学や神経学の成果を駆使しながら書いた『心理学構想』に見られます。この構想案ではすべての心理過程がニューロンのシステムにおいて説明されるのですが、ここでもフロイトは神経末端の皮膜がフィルターの役割をはたすことを指摘しています。

> 外部から興奮量がφシステムの末端に侵入すると、それはまず神経末端装置にぶつかり、この装置によって除法指数の商値に割られる。この商値はおそらく細胞間刺激より高い秩序（あるいは同秩序であろうか）にあると思われる。ここに最初の閾がある。つまり一定の量以下ではそもそも効果的な商値は成立しないので、刺激の影響力はだいたい中等度の量に制限されるということである。さらに、神経末端被膜が性質上フィルターとしてはたらくため、個々の末端部分では、あらゆる種類の刺激が影響を与えることができるわけではない。φニューロンに実際に到達する刺激は、ある量と性質をもっており、外界において

は、閾から苦痛の限界にいたるまで、同じ性質と増大する量の一系列をなしているのである。(*G.W. Nachtragsband, S.405/6*)

φとは刺激による興奮をそのまま透過させるニューロンすなわち神経細胞のことで、これが知覚を担当するのに対して、この引用には出てきませんが、ψのほうは不透過で記憶の担い手となるニューロンのことです。今日のニューロン概念に比べるとかなり素朴ですが、これもあまり神経学的な基準にこだわると、フロイトの真意が見えにくくなります。むしろ興味深いのは、前者φのニューロンが後にいう意識を、また後者ψのニューロンが無意識的なものを、それぞれ連想させることです。概念はちがっていても、後にフロイトが立てるメタサイコロジーとの発想の類似性は明らかでしょう。

ついでにこの『心理学構想』について少しだけ触れておきますと、このテクストは未刊の草稿ということもあって、読解の困難もさることながら、いろいろな問題をはらんだテクストで、たったいまも述べたように、これをどこまで脳神経学の文脈で読むことができるのか、それともそれはフロイトがあくまで自分独自の心理学を打ち立てるために脳神経学の知識を利用したたんなるアレゴリーなのか、さらには独語版と英語版のくいちがいといったテクスト・クリティク上の問題など、多々議論のあるところです。この問題の多いテクストについては、比較的新しいところではデリダの『エクリチュールと差異』のなかにも独特の解釈があります。ちなみに英語版に依拠するこれまでの邦訳タイトルは『科学的心理学草稿』となっています。

ともあれ、では意識＝知覚を外界と内界の境界に置くこのような発想を前提にしてみると、外傷性神経症はどのように特徴づけられることになるのでしょうか。一言でいうと、これはその境界に位置する「刺激保護が大規模に決壊してしまった結果」ということになります。言い換えれば、外界からの刺激量が過度に大きいため保護膜が破れてしまい、内部にパニックが発生するということです。フロイトはこう表現しています。

> このような強すぎて刺激保護を破ってしまうような外からの興奮を外傷性の興奮と呼ぶことにしよう。私には、トラウマという概念は、普段は有効にはたらいている刺激防護とのこのような関係を要求している、と思われる。外的トラウマのような出来事が起こると、きっと有機体のエネルギーのやりくりに多大な障害が引き起こされ、あらゆる防衛手段が駆り出されるにちがいない。(III, S.239)

これを「エコノミー論」の観点から見ると、どうなるか。

それにおうじて破損部のまわりに高いエネルギー備給をおこなうために、あらゆるところからエネルギー備給がおこなわれる。大規模な「逆備給 Gegenbesetzung」がおこなわれ、そのため他のあらゆる心的システムは貧窮し、その結果他の心的なはたらきが広範囲にわたって麻痺し、低下するのである。(III, S. 240)

「逆備給」というのはエネルギーが引いてしまうことをいいます。たとえば堤防が決壊しそうなときに救助隊がそこを大量の土嚢で補おうとします。そうするとその分堤防の内側にある土や砂が大量に運び出されることになるわけですが、それと同じ事態を想像してみればわかりやすいでしょう。この堤防決壊にも似た事態は必ずしも外から押し寄せる刺激の多大な量ばかりのせいではありません。たとえば、われわれが不意打ちをくらったときでも起こりうるとフロイトはいいます。あまりに急で堤防を補充する用意がない場合です。普通は刺激が外から襲ってくる場合、われわれは多かれ少なかれ不安を感じるわけですが、フロイトによれば、この不安は、ある意味で外的刺激に対する準備ないし防御を意味します。つまり「エコノミー論」

の言い方を借りれば、刺激と実際に遭遇するまでのあいだに各所から防衛のためのエネルギーが備給されてくるということです。同じことが災害神経症者のよく見る不安夢に対してもいえるとフロイトはいいます。つまり夢のなかで不安を形成することによって、それなりに刺激の克服が目指されているというわけです。ちなみに、フロイトはこうした夢は反復強迫に属し、もはや「夢とは願望の充足である」という『夢解釈』以来の基本テーゼでは説明できない「快原理の彼岸」にあるものだともいいます。

ところが不意打ちの場合にはこの不安による準備が不可能となります。だから、不意打ちをくらって驚愕に陥った場合は刺激量がそれほど大きくない場合でも、パニックを引き起こし、それがトラウマになる可能性があるわけです。いずれにせよ、刺激保護の破壊をもたらす点では同じ結果となるわけです。たとえば、今時の大震災に遭遇した人々の状況を考えてみましょう。この場合はその超弩級の外的刺激にさらに不意打ちの要因がくわわって、トラウマの発生可能性が倍加しているということになるでしょうか。地震の怖さは、台風や戦争などとちがって、不意打ちの恐怖にあることをわれわれはあらためて思い知らされました。今回の大震災に際してこういう精神医学上の問題を考えるとき、阪神淡路大地震に際して自ら救護班を率いて活躍された精神科医中井久夫氏による『災害がほんとうに襲った時——阪神淡路大震災50日間の記録』は医療実践にとって貴重な記録となっていますが、ことPTSDの研究に関しては、その中井氏の音頭とりで翻訳されたアラン・ヤングの本格的な研究書『PTSDの医療人類学』があります。

## 無機物への回帰

むろん問題はこれで片づいたわけではありません。それは普通の外傷性神経症の一応の説明とはなりましたが、これで戦争神経症や子供の反復強迫までは説明できないからです。前講でフロイトが戦争神経症と外傷性神経症のあいだの微妙なちがいに気づいていたことを想い出してください。フロイトはいったん戦争神経症も外傷性神経症も「外的」な暴力が原因となって起こると言っておきながら、すぐその後で戦争神経症には転移神経症の場合のように「内的な敵」があるのではないかという推測を述べていました。問題はこの「内的な敵」です。災害や事故、あるいは襲撃などと同じように戦争もまた当事者を「外的」に襲うものであることは確かです。そのかぎりでは戦争神経症は普通の外傷性神経症と同じはずです。

ところがフロイトはこの戦争神経症のなかにそれ以上のものを嗅ぎつけます。そのきっかけとなるのが、あの「いないいない・ばあ」遊びの子供にみられるという反復強迫です。子供はもともとは母親不在という不快な経験に発するあの遊びを飽くことなく何度もくりかえし、それに興ずるのでした。だからこの場合の強迫は外からというよりも、むしろそれを積極的に欲する子供の内面からくるものと考えられるわけですが、それと同じように、当事者の内面からやってくる何ものかが戦争神経症にもあるのではないかとフロイトは勘ぐっているのです。もし内側から刺激が襲ってくるのだとしたら、生命体あるいは意識は外的刺激に対するような防御膜をもっていませんから、これに抗することが非常に困難になります。子供の遊びならまだしも、戦争神経症のように恐怖の内容をともなった大人の病気の場合、その分危機も深刻にならざるをえません。では、この「内側からの刺激」ないし「内的な敵」とは何でしょうか。フロイトはこう言います。

刺激を受容する皮質層にとって内側からの興奮に対する刺激保護が欠けているので、この刺激の移送はそれだけより大きなエコノミー論的な意味を得て、しばしば外傷性神経症と同等のエコノミー論的な支障をきたすきっかけとなるという結果をもたらすにちがいない。このような内的興奮の最大の源泉がいわゆる有機体の欲動 Trieb であり、これは体内から発し、心的装置に移送されるあらゆる動力作用を代表し、それ自体は心理学的研究の

もっとも重要で、かつもっとも不明瞭な要素である。（III, S.244）

いよいよここに、われわれのターゲットとするものが顔を出してきました。いうまでもなく、ここで「もっとも重要で、かつもっとも不明瞭」と言われる「欲動 Trieb」こそが問題です。

欲動とはしたがって、生命ある有機体に内在する衝動 **Drang** で、それはこの生命体が外的な障害の力の影響で放棄せざるをえなかった以前の状態を回復しようとするもの、すなわち一種の有機的な弾性、あるいはそう言ってよければ、有機的生命のなかにある慣性の表現であると言ってよいだろう。（III, S.246）

「弾性」も「慣性」もどちらかというと物理学を連想させる言葉ですが、欲動を「有機体に内在する衝動」ととらえることにそれほど異論があるとは思えません。むしろ常識的で月並みな見解にさえ聞こえます。ところがこの衝動の本質が「以前の状態を回復」することにあると言われると、ことはそう簡単ではありません。精神分析とその周辺で「胎内回帰願望」ということが言われてきたことはよく知られています。一般化すると、これは人間がそれまでにたどってきた発達の段階を逆に遡る「退行 Regression」現象の一種です。これが一種の「願望」だというのも、ある程度理解できます。ところがフロイトはこれを人間のみならず、生命体すべてに内在する「欲動」にまで一般化します。そしてそこから出てくる帰結が大問題なのです。問題の箇所を引用します。

> それ（生命の目標）は、生命体がかつて捨て去り、またあらゆる発達の迂回路を通って立ちもどろうとする、かつての出発点の状態である。あらゆる生命体が内的な理由から死んで、無機物に帰るということを例外のない経験と仮定してよいなら、あらゆる生命の目標は死だと言うことができる。そもそも遡れば、生命なきもののほうが生けるもの以前に存在したのである。（III, S.248）

フロイトはこれをはっきりと「生命なきものへ回帰する欲動」とも表現していますが、要するに「以前の状態」とは「無機物」のこと、そこへの「回帰」とは「死」だというわけです。ここでわれわれは根本的な疑問に直面します。あるいは狼狽と言ってもよいかもしれません。いったい「無機物への回帰」を「欲動」と呼ぶことができるのかどうか、また、ここで言われる「欲動 Trieb」とはそもそもどういうことを意味しているのか、そういうことが疑問になってくるからです。そこでわれわれの最終ターゲットであるこの「死の欲動」の詳細を紹介、論議する前に、またまた迂回になりますが、フロイトにおける「欲動」という概念の理解とその変遷をたどっておきたいと思います。

## Trieb とは何か

「Trieb」という言葉は初めから問題含みの概念です。というのも、フロイトのドイツ語版全集といわゆる「ストラッキー版」と通称される英語版全集において、それぞれ異なった言葉がつかわれているからです。ストラッキーというのはフロイトのもとで直接精神分析を受けたこともある人物で、その翻訳の業績も広く認められているのですが、こと「Trieb」の翻訳に関しては問題なしというわけではありません。その問題というのは、英語版では「Trieb」に対して「instinct」という言葉が当てられていることです。なぜ、これが問題なのでしょう。

まず気になるのは、もともとドイツ語には「Trieb」だけではなく「Instinkt」という言葉もあるという事実です。ところがフロイトは「Instinkt」をつかわないで、わざわざ「Trieb」のほうを選んでいるのです。たしかに両者はよく似た概念です。しかし、その微妙な差異こそが、ある意味ではフロイト理解にとって決定的になります。「instinct」はいうまでもなく「本能」の意味ですが、「Trieb」を無造作にこの「本能」に置き換えてしまうと、フロイトの理論がすべて生物学的観点に限られてきてしまうのではないでしょうか。そのことが問題なのです。忘れてならないのは、前から述べているように、たとえフロイトが生物学や脳解剖学などの知識をつかいながら論じていても、その言説はあくまでフロイトの新たに打ちたてようとするメタサイコロジーを構成するものだということです。「Trieb」という言葉も例外ではありません。一見生物学的に見えようとも、これはあくまでSpekulationにもとづくメタサイコロジーの概念なのです。その意味でストラッキー版の訳語「instinct」、ひいてはそれに依拠したかつての日本語訳「本能」というのは、微妙な、しかし決定的な誤訳だと言ってよいでしょう。

このことはすでに早くから多くのフロイディアンが気づいていました。とくにフランスの精神分析でそれがはっきりと問題視されています。前にも引用した『精神分析語彙集』の編著者ラプランシュとポンタリスもこう述べています。

ドイツ語の「Trieb」という言葉に対して、フランス語のフロイト訳にはpulsionが採用された。これはinstinctとかtendanceといった、かつての慣用表現を避けるためである。この〔pulsionを採用するという〕取り決めは必ずしも重視されなかったが、正当なものである。これに対して英語版のStandard Editionでは、「Trieb」を「drive」や「urge」のような他の可能性を見合わせて、代わりに「instinct」と訳すことが優先された。この問題はStandard Edition第一巻の全集全体への序論で論議されている。(*Das Vokabular der Psychoanalyse*, S.526)

フランスの精神分析といえば、ラカンはもっと辛らつです。われわれのテクスト『快原理の彼岸』の第五章を英語版で読むとわかるとして、次のように述べています。

たとえば「欲動Trieb」を「本能instinct」、「欲動的triebhaft」を「本能的instinctual」と訳してしまったので、訳者は大変不都合な事態に陥っています。しかもこの訳語は馬鹿の一つ覚えのように始めから終わりまで使われています。「Trieb」と「instinct」との間には何一つとして共通するものはありませんから、そのためにこの英訳版はまったく矛盾したものになっています。(…)「Trieb」とは、みなさん、みなさんがたの尻を後ろから突っつくものであって、いわゆる本能とは何の関係もないのです。(『精神分析の四基本概念』p.65)

これほど強く主張することはできませんが、私も基本的にこのフランス系の instinct 批判に賛成です。

では、「Trieb」をどう理解したらよいのでしょう。ラプランシュとポンタリスは英語の「drive」や「urge」の可能性も指摘しながら、フランス語では「pulsion」を選びました。ラカンが選んだのも同じで、しかもラカンはこれを簡潔に「尻を後ろから突っつくもの」とパラフレーズしており、われわれにとっても参考になる解釈です。しかし、こういう場合はやはり、まずドイツ語の原語にたちもどって検討するのが妥当でしょう。

「Trieb」という言葉は動詞の「treiben」から来ています。この動詞のもともとの意味は「あるものを特定の方向に駆り立てること」をいいます。具体的には、牧人が家畜を牧場のほうへ追い出すような光景などを思い浮かべてみるとよいでしょう。ここから人や物を追い払ったり、せかせて無理やり何かをやらせたり、あるいは促したりすることなどに広くつかわれる言葉です。その意味でラカンが「尻を後ろから突っつくもの」というのは当たっています。「treiben」にはほかに自動詞の用法として「漂う」「漂流する」の意味がありますが、フロイトの Trieb の意味を検討するところでは一応外しておいてよいでしょう。

さらに問題となるのは「treiben」を直接名詞化したものに「Treiben」と「Trieb」の二つの形

があるということです。前者はたんに動詞形の頭を大文字にしただけですから、文字通り「駆り立てること」です。それとわずかに表記のちがった「Trieb」は、だから意味もややずれていなければなりません。あえて前者に対応させていえば「駆り立てること」ではなくて「駆り立てるもの」ということになるでしょう。やや原因や原動力のニュアンスがくわわる感じです。これが「Trieb」の基本的な意味です。

日本語ではこれまでこのTriebに対して「衝動」「欲求」「欲望」「本能」「傾向」「性向」といった言葉を当ててきましたが、精神分析関係の翻訳ではいずれも一長一短で、適訳がありませんでした。ちなみに「衝動」には「Drang」、「欲求」には「Bedürfnis」、「欲望」には「Begierde」、「本能」には「Instinkt」、「傾向」には「Tendenz」、「性向」には「Neigung」といった類似の表現があります。言い換えると、「Trieb」はこれら類似の概念群のなかにあって、それらと重なりながらも、同時にそれらから差異化されなければならないのです。かつてのフロイトの翻訳者たちが大いに頭をひねらされたことが想像されます。

確かな自信があるわけではありませんが、私の記憶するところでは日本で「Trieb」に「欲動」という新造語めいた訳語が当てられ、それが定着してきたのは一九八〇年代あたりからだと思います。具体的にはソシュールの言語学的転回を背景にした構造主義が流行するようになってからでしょう。さきの引用に見られるようなラカンのインパクトもあったことは確かだと思います。いずれにせよ理論的にも「Trieb」を他のシニフィアンから区別して表記する必要性が自覚されてきていた時期といえます。当時言語哲学者としても名を馳せていたソシュール研究者丸山圭三郎氏はこう書いています。

エロースとタナトスの欲動《ピュルシオン》とは、文化の基底にある欲望《デジール》でも、生物学的な欲求《ブゾワン》でもない。〈欲動〉は、文化的欲望によって生理的欲求の図式が毀された時にはじめて登場する。(『生命と過剰』p.210)

これはフランス語内部での差異化ですが、ここに出てくる「欲動《ピュルシオン》」が「Trieb」に当たるのはいうまでもありません。そしてその「Trieb=pulsion」が「欲望」や「欲求」から区別されて特別に「欲動」と訳されているのです。

このように、Trieb の翻訳をめぐってさまざまな知恵が絞られてきた結果、最近ではほぼ「欲動」という訳語が定着してきているため、私もこれを意図的につかうようにしているのですが、正直をいうと、私にはこれでもまだ容易にぬぐい去れない違和感が残っています。この言葉の原義「駆り立てるもの」と「欲動」を見比べればわかるように、両者の間にはやはり埋めがたい溝があります。なかでも気になるのは「欲動」という表現のなかの「欲」という表記です。これはどうしても「欲求」や「欲望」との連想を呼びおこしてしまいます。フロイトの理論に即して考えた場合「Sexualtrieb」というような概念が問題になるときには、これを「性欲」とか「性欲動」と訳してもそれほどさしさわりがないように思うのですが、だからといって、これをフロイトのいうすべての Trieb 概念にあてはめようとすると、どうしても無理があるように思えてなりません。そのもっとも良い例が、われわれのテーマである「Todestriebe」です。この概念はさきに述べたように、「無機物への回帰」を内容としているわけですが、この「回帰」を「欲」というシニフィアンでとらえることができるかどうかは本質的で微妙な問題と言うべきでしょう。フロイトがこうした「無機物への回帰」をあえて「Trieb」と呼ぶとき、そこにはただ「そのような方向に駆り立てるもの」あるいは「趨勢」のようなものがあるということを言おうとしているのです。これを「欲」とか「本能」とするのはひとつの（誤った）解釈にすぎません。その意味でラカンの警告は正しいのです。

何度もくりかえしますが、フロイトはこの言葉をあくまで自分のメタサイコロジーの用語としてつかっています。だからそれは性急に何らかの具体的な学問分野に当てはめることはできないのです。さきに「駆り立てるもの」と言いましたが、Triebとはさらにいえば、「駆り立てる力」のようなものです。前に引用した箇所でフロイトが「Trieb」を「弾性」とか「慣性」という物理学を想わせる用語をつかって表現しようとしたのを見ましたが、これらの言葉もこの本質的に表現しづらく抽象的であるしかない「駆り立てる力」としての「趨勢」のことをなかば比喩的に述べようとしたものです。

ここであらためて、第一講で触れたような、若きフロイトに少なからぬ影響を与えたショーペンハウアーの「意志」概念を想い出しておくのも悪くないかもしれません。

> これまで人は意志という概念を力という概念に包摂して考えてきた。私はちょうどこれを逆にして、あらゆる自然のなかに見られる力を意志と考えようと思う。(*Die Welt als Wille und Vorstellung*, I, S.172)

ショーペンハウアーのいう「意志」はたんなる人間個体のそれだけではなく、それをも含んだ自然やコスモスの大いなる意志のことです。言い換えれば、それは一種のメタレベルの意志であり、「死」もまたそうした次元において考えられています。私の想像では、フロイトが「無機物への回帰」としての「死の欲動」をいうとき、そうしたショーペンハウアー的イメージがはたらいていたと思われます。われわれのテクストのなかでもフロイトはこの「死の欲動」をバーバラ・ローのいう「涅槃《ニルヴァーナ》原理」に比していますが（III, S.264）、当時のヨーロッパでのこういう仏教用語の使用は多分にショーペンハウアーを介してのことと推測できます。そして、ここではまだ論じていないテクストの後半になりますが、生の欲動と死の欲動に触れたところでフロイト自身がやはりこう言っているのです。

しかし、われわれはちょっと別のことを隠しておくわけにはいかない。それはわれわれが知らず知らずのうちにショーペンハウアー哲学の港に入港してしまっているということである。ショーペンハウアーにとって死とは「本来的な帰結」であり、そのかぎりで生の目的である、（…）（III, S.259）

とはいえ、以上のように「欲動」という訳語にさまざまな疑問や違和感をもっている私にも良い代案があるわけではありません。原義をそのまま活かした「駆り立てるもの」「駆り立てる力」ではテクニカルタームとしてはあまりにも熟しませんし、「趨勢」もやや弱い気がします。

そういうことで、私としてはこの後も便宜上これまでの翻訳者たちの苦労の結晶である「欲動」という訳語をつかいますが、その場合「駆り立てるもの」「駆り立てる力」という原義をつねに念頭に置いておいてもらいたいと思います。

## 欲動概念の変遷

迂回ついでに、もうひとつ大事な迂回路を説明しておかなければなりません。それはフロイトが「欲動」の名のもとに「死の欲動」のみならず、さまざまな種類の欲動を挙げていることです。われわれのテクストに出てくるそれを列挙してみれば、性欲動、自我欲動、部分欲動、自己保存欲動、権力欲動、顕示欲動、死の欲動、生の欲動、完全性欲動ということになります。このなかにはフロイトが認めなかったり、重視しなかったりするものも入っていますが、いずれにせよ、フロイト自身が言っているように、好きなだけ欲動を立て、それでやりくりするさまは、たしかに古代ギリシャの自然哲学者たちが水、土、火、空気の四元素に依拠してあれこれ論議しているのに似ていると言わざるをえません（cf. III, S.260）。精神分析の分野に氾濫気味に広がるこうした欲動概念を整理するために、その前提として、われわれのテクストより五年ほど前に書かれた「欲動と欲動運命」という論文に少しだけもどっておきます。

この論文では、フロイトは前にも引用したように、欲動という概念が「欠くことができないものでありながら、かなり曖昧な基本概念」であることを認めたうえで論議を開始しているのですが、論文の意図は、それまでややランダムにつかわれていた欲動概念を整理し、それを「衝動 Drang」「目標」「対象」「源泉」の観点から規定しなおし（なお、この四つの観点に関してはラカン『精神分析の四基本概念』XIII「欲動の分解」参照）、それを前提にしてサディズム、マゾヒズム、ナルシシズムの構造を明らかにすることにあります。このなかでフロイトは欲動概念が導入されることによって単純な刺激・反応図式にもとづいた生理学的アプローチがいかに複雑になるかを指摘していますが、それは欲動刺激が「有機体の内部から発生する」ものでありながら、生物学的にみると、「精神的なものと身体的なものとの境界」にあるものと仮定せざるをえず、その分その構造や機能が複雑になるからです。欲動を精神と身体の境界とみるこの観方は哲学的にも重要な問題を含んでいると私は思います。しかし、私がここで確認しておきたいのは、そのことではなくて、この論文の初めのほうでなされている欲動諸概念の還元とその整理です。フロイトは特殊化されたさまざまな欲動の動機をその源泉に向けて分解していくと、最終的にそれ以上は分解できない「原欲動 Urtrieb」に行き着くとし、こう述べています。

私はこのような原欲動を、自我欲動ないし自己保存欲動と性欲動の二つのグループに分けることを提案してきた。(III, S.87)

この提案はあくまで「たんなる補助の建物」で必然的な前提とはいえないけれども、今のところこれを否定する理由もないとしています。この結論の背景には、性欲動の全面的解放は個体に危険をもたらすというフロイトの基本認識があります。そこからまた、性欲動の全面解放を回避するために自我欲動ないし自己保存欲動がそれに対抗するので、個体によって営まれる現実の生はその両者の均衡のうちに成立しているという考えも出てきます。ちょうど無意識的な願望が意識の側からの「凝縮」「ずらし」といった「加工」を受けて夢となって出てくるのと同じメカニズムです。さまざまに表現は変わっても、ある意味ではこの自我欲動と性欲動の二元論が前期フロイト理論の柱となる考えでした。快原理と現実原理の二元論もそのヴァリエーションのひとつと言えるでしょう。

しかし、みられるように、ここにはまだわれわれの問題とする「死の欲動」は登場してきてはいません。だからこれが登場する五年後のわれわれのテクストでは構想の大幅な組み替えが強いられることになります。そこでわれわれには、この「原欲動」の構想が、「死の欲動」という、それまでまったく想定されなかった欲動の導入によってどのように改変されているのかを見ておく必要が出てくるわけです。これがもうひとつの迂回路ということです。

この「原欲動」の組み替えの概略を知るには、われわれのテクストの第六章の終わりに付けられたフロイト自身による脚注が便利です。この脚注は前半部が最初の論文発表時に付けられたもので、後半部が翌年に付けくわえられたものです。前半部の内容は「性欲動」がリビドー仮説を経て「エロース」の用語に置き換えられ、それがさらに「死の欲動」に対抗する「生の欲動」へと変遷したことを述べたものですが、これについては次講でくわしい論議を交えながらあつかうので、ここでは後半部だけをそのまま引用しておきましょう。

「自我欲動 Ichtriebe〔複数形〕」という概念が経た変遷はおそらくもっと込み入っている。われわれはもともと、対象に向けられた性欲動から分離していて、われわれにあまり知られていない欲動傾向のすべてをそう呼び、これをリビドーを表現とする性欲動に対置させた。後にわれわれは自我の分析を進め、「自我欲動」の一部もリビドー的性質をもち、自らの自我を対象とすることを認めたのであった。したがってこのナルシシズム的な自己保存欲動が今度はリビドー的性欲動に組み込まれる必要があった。自我欲動と性欲動の対立は、ともにリビドー的性質をもった自我欲動と対象欲動の対立へと変わった。しかし、それに代わって、リビドー的な（自我と対象）欲動と、自我のなかにたしかに認められ、おそらく破壊欲動のなかに示されるような別の欲動とのあいだの新しい対立が出てきた。われわれの **Spekulation** はこの対立を生の欲動（エロース）と死の欲動の対立へと改変したのである。（III, S.269）

この引用からだけでも、不断に錬りなおされるフロイトの基本構想において「死の欲動」を想定することが、いかに大きな転換を強いることになったかがわかると思います。フロイトがこの仮説に対するためらいや不信の念をたびたび口にした理由も想像できます。と同時に、いまやここからわれわれのテクストがなぜ『快原理の彼岸』と名づけられたかもはっきりしてきます。五年前の「欲動と欲動運命」でもろもろの欲動の整理のうえに到達した自我欲動と性欲動の二元論は、ここではともにリビドー次元にとどまるものとされ、比喩的に表現するなら、その両者を要素として含んだ集合全体に対する、いわば空集合として死の欲動が想定されているということです。リビドーを内容とする集合が快原理によって成り立っているとするなら、その空集合である死の欲動はその「彼岸」にあると言わざるをえないわけです。

# 第五講　拮抗する生と死

いよいよ本論中の本論に入ります。われわれのテクストでは第五章の終わりから第六章にかけての一連の記述に当たりますが、ここは当時の生物学の先端知識が動員されるとともに、フロイトのSpekulationがフルに発揮されるところで、われわれとしてもメタサイコロジカルな想像力を最大限にはたらかせてその読解と検討に集中したいと思います。それは場合によっては、フロイト自身の思惑を超えるところまで進んでしまうかもしれません。

## エロースとタナトス

フロイトの理論は総じて二元論的に構成されていて、二つのファクターないし原理がたがいに拮抗しあうというかたちを取ることが多いようです。トポス論的にいいますと、意識と無意識的なものとの葛藤、そこに生ずる「抑圧」や「抵抗」などが代表的ですし、さきに述べた夢内容の加工や忘却などという現象も、そうした拮抗の結果として解釈されます。そうした拮抗や葛藤が問題となるかぎりにおいて、またそれは力動論的な性格をも示すわけです。欲動論に関しても同様で、さきに引用した脚注が述べていたように、無意識的なものに属する性欲動に対してもそこに自己保存欲動による規制がはたらいて、性欲動がそのままストレートに顕現することがないとされるわけですが、これとパラレルな関係にある快原理と現実原理もやはり拮抗関係をはらんだ二元論になっています。

われわれが到達した「死の欲動」も例外ではありません。これまでの記述でも気づかれているように、「死の欲動」は「生の欲動」と背中合わせの関係になっており、それ自体単独で成立するものではありません。言い換えれば、生と死の拮抗関係こそ無意識的欲動の本質だということになります。もっとも、こうした抽象的テーゼを立てるだけなら、すでに言葉を変えて多くの哲学者や宗教家たちが述べていることで、何も珍しいことではありません。問題はフロイトがその生死の二元論にどのような具体的内容を与えているかです。死の欲動の内容に関してはわれわれはとりあえず「無機物への回帰」というテーゼを知ったわけですが、ではもう一方の生の欲動とは何でしょう。それはいうまでもなく、常識どおりあらゆる生命現象を可能にしている根源的な力ないし生気一般を意味しているにはちがいありませんが、フロイトがその生命現象のなかでもっとも注目しているのは生殖です。死が無機物への回帰だとすると、逆に有機物を（再）生産する過程にこそ生の核心が宿っているということになります。そこにフロイトが性欲動をさらに一般化して「エロース」の概念を立て、それを死の欲動に対置する理由もあります。つまり死の欲動はエロースを基本的な内実とする生の欲動と対にされるわけです。

こういうと連想されるのが、よく知られたプラトンのエロースとタナトス（死）の概念です。

またしても迂回気味で気が引けるところですが、テクストに沿った詳細な論議に入る前に、やはりこのことについても少し触れておく必要があります。プラトン哲学におけるエロースとタナトスの概念については斎藤忍随氏の、小著ながら簡にして要を得た名著『プラトン』があるので、くわしくはそれを参照してもらうことを願っておきますが、後の論議のために、ここで簡単にプラトンにおいてエロースとタナトスがどのようにとらえられているかを見ておくことにしましょう。

まずエロースから。プラトンが中心的にこのテーマをあつかっているのは、よく知られた『饗宴』とその内容をさらに哲学的に深めた『パイドロス』においてです。われわれにとって興味深いのは、ここでさまざまな登場人物の口を借りて論じられるエロースが、おもに生殖ないし出産のイメージと強く結びついていることです。これは対話の主人公ソクラテスにおいても同じです。たとえば『饗宴』においてソクラテスに教えをたれるディオティマは、エロースとは「よきものが永遠に自分のものであること」を目指し、「肉体的にも精神的にも美しいもののなかにおいて出産すること」だとし、さらにこう言っています。

ソクラテス、すべての人は肉体的にも精神的にも妊娠して〔生むものを持って〕いるのです。

そしてある年齢に達すると、自然にわれわれの本性は産むことを熱望します。ところで産むのは、醜いものの中ではできないことで、美しいものの中でなければなりません。つまり、男女の交わりがひっきょう出産というわけだからです。そしてこの行為は神的なものであって、それは死すべきものである生物のうちに、不死なるものとして内在しているのです。

(『プラトン全集』5、p.87/8)

プラトンにおいてはこの妊娠と出産すなわちエロースの概念は肉体的レベルでも、また精神的レベルでもつかわれるわけですが、「哲学＝愛知」が後者の次元でのエロースに関係しているのは言うまでもありません。そういう言葉の連想でいえば、ソクラテスの対話手法が「産婆術」と呼ばれるのも偶然ではないでしょう。引用においてとくに興味深いのは、プラトンが基本的にエロースを死すべきものが不死を目ざして営む行為ととらえていることです。プラトン哲学の目標は永遠なるイデアに到達することです。そのイデアの知を求め、愛することが「フィロ・ソフィア(愛・知)」としての哲学なのです。不死のイデアを求めて飛翔するこのエロースは『パイドロス』のなかのあの有名な二頭の馬の手綱を取る有翼の御者のメタファーによってよりイメージ豊かに表現されることになるのですが、ここで私は後論へのとっかかりとして、ひとつのコメントをはさんでおきたいと思います。

プラトンにおいては「死すべき」存在としての人間のエロースには可死的な肉体的レベルと不死の精神的レベルの二種類があって、「不死なるもの」を求める哲学は、前者の次元を超え(否定し)、後者の次元での出産を目指すことだとされるわけですが、この言説を今度はタナトスをテーマにした言説とつきあわせてみると、ひとつの面白い背理に遭遇することになるのです。どういうことでしょうか。

タナトス、すなわち死を主題にした対話が『パイドン』です。このなかでソクラテスはまず哲学が求める不可視の魂が不死なることを説いたあと、その魂が肉体から離れることとしての死を念頭に、こう述べます。

> まずひとつの場合として、魂がまさに清浄なるままに、肉体から離れ去るとすれば、どうであろうか。すなわち、みずからすすんで肉体といっしょにあったことは、その生涯において一度もなかったがゆえに、その離別のときには、肉体にかかわるいかなるものも共に引きずってゆくことはなく、いなむしろ魂は、そのときつね日頃それの習いをかさねてきたそのままに、肉体をまったく逃れてそれ自身へと結集し、純粋な魂そのものとなったと

してみたまえ。――ところでそれはとりもなおさず、真正の仕方で知を求めてきたそのままにということであり、また真にこころやすんじて死にきることを習ってきたそのままにということなのだ。それとも、どうかな、知を求めること（哲学すること）とは、まさに死の練習である、としていいのではないだろうか。（…）さてでは、その時に、もしも魂がそのような純粋なものであれば、それはみずからに似た不可視の領域へと、かの神的であり不死であり、まさに知のかかわるそのものへと立ち去っていくのである。そしてひとたび、かしこに到れば、彷徨とか無分別とか恐怖とか荒々しい欲情とかの、またその他のもろもろの人間的な諸悪からはすっかり離脱して、そのときこそ魂は至福なるものとなるのである。（『プラトン全集』1、p.234/5）

有名な「死の練習《メレテー・タナトゥー》」が出てくる一節を引用してみましたが、タナトスがさきのエロースと同等に愛知の道のひとつであることが述べられています。なぜこれらが対等に置かれるかというと、両者がともに精神を肉体から分離解放して、それを浄化することを目標にしているからですが、ことタナトスに関するレトリックはやや複雑になっています。というのも、本来不死なる魂は肉体からの分離としての死によって不死なるものの世界に到達できるというのですから。これを言い換えれば、人は死ぬことによって永遠の生に到達するということになりますが、こちらの言い換えでも、やはり生の消滅によって生がうまれるというレトリック上の逆説が生じます。

そして何より逆説的に聞こえるのは、ともに同等な愛知の道でありながら、エロースのほうは「出産」ないし「誕生」を、タナトスのほうは文字通り「死」ないし「死の練習」を意味しているということです。プラトンはこれを背理とは考えなかったのでしょうか。少なくとも概念上はまったく正反対と思われる事柄が愛知の営為という同一のものに帰せられているからです。もっとも、タナトスのほうはあくまで「練習」であって、本当の死ではないから背理は成立しないとも考えられますが、『国家』の末尾に付された有名な「エルの神話」や奇書『ティマイオス』などが語っているように、プラトンでは死後の世界や輪廻転生が信じられていますから、本当の死もまた魂の浄化をもたらすと考えてよいとすると、やはりプラトンの言説の背理は避けられないようです。そこでこのエロースとタナトスの背理をナンセンスとみなして等閑に付してしまうことはたやすいことなのですが、考え直してみると、もうひとつこの両者の背反的共存をひとつのアイデアとしてそのまま受け入れ、それに沿って言説を進める道もあるのではないでしょうか。フロイトの Spekulation がとったのは、まさにその道だったと言えるのです。

## 死への迂回路としての生

われわれはとりあえず、死の欲動とは生命体ないし有機体が無機物に回帰するよう駆り立てられることであるという抽象的なテーゼにまで到達したのでした。だとすると、生の欲動のほうはどのように位置づけられるのでしょう。

フロイトが生の欲動の中心に置くのは性欲動であることもすでに見ました。じじつフロイトは「性欲動は死に向かう働きを通過していく他の欲動の意図を妨げるという意味で、本来の生の欲動である」(III, S.250) と明言もしています。では、それはどのようにして妨げられるのでしょうか。フロイトが注目するのは有機体の胚細胞 Keimzelle です。有機体において他の細胞が自然死に向かうのに対して、唯一胚細胞だけはそこから分離し、それが発生するもととなった「遊び Spiel」をくりかえすからです。とりあえず精子と卵子を考えれば、この事態は了解可能です。そしてこう言われます。

最高度に興味深いのは次の事実である。すなわち胚細胞のこのはたらきは、自分とは似ていながら異なった他の胚細胞との合体によって強化されるか、またはそもそもそれによってその能力を与えられるという事実である。
このような個体を超えて生きのびる原基有機体の宿命を顧慮する欲動や、それが外界の刺激に対して無防備なとき、安全な場所を確保する欲動、さらには他の胚細胞との出会いをお膳立てする欲動、これらが性欲動のグループを構成する。（III, S.249/50）

たしかにあらゆる生命的個体は死滅します。しかしその個体は自らのなかから胚細胞を分離し、それの合体である生殖行為をとおして「延命」を図ります。そしてそこに有機体の生の欲動と無機物に向かう死の欲動との拮抗が生じてきます。

ひとつの欲動グループは、生の最終目標にできるだけ早く到達しようと前進するのに対して、もうひとつのグループはこの道のある地点にもどって、そこからその道をもう一度やり直し、その道の持続を延長しようとする。（III, S.250）

こういう拮抗があるにもかかわらず、しかし生命体は結局は死の欲動に屈することになるとフロイトはいいます。普通に考えてもあらゆる生命体はいつか死んでいくわけですから、これはきわめて普通の考えというべきです。ということは裏を返せば、生の欲動は結局のところ死に至る道をたんに長引かせるはたらきを担うだけということになります。その延命期間は総じてその生命体が複雑な組織をもった高等な有機体になればなるほど長くなるのですが（厳密な生物学的な意味ではかならずしもそうとは言いきれないようですが）、それとても寿命がある以上、結局のところ死を避けることはできません。

とはいえ他方で彼には、——ここがフロイトらしいところですが——もし理想的な環境状態が与えられるなら、生殖行為のくりかえしによって生命体はその生を永久に維持できる可能性をもっているかもしれないという疑念を簡単に払拭することはできませんでした。どんな生命体にも寿命があってかならず死ぬことになるという常識は、生命体にとって多かれ少なかれ避けられない外的環境の影響としてもたらされるものであって、ひょっとしたら生命体それ自身の内的論理からは帰結されないのではないかという疑念です。もしそうだとしたら、少なくとも理論的には生の永久持続が保証され、無機状態への回帰としての死の欲動という自分のテーゼの絶対性は揺らいでしまうことになります。この推論はあくまで彼の Spekulation ですが、これがまったく無根拠な推理でもなさそうなことが当時の生物学界を揺るがします。そこでフロイトは一時期集中的に当時の生物学の文献を読みあさり、自分のテーゼが生物学的な事実と矛盾してしまうのか、それとも裏づけられるのかをくわしく検討しようとします。

## 死の欲動の生物学的根拠

有機体が内的必然性によって死を内包しているのかどうかという関心をもって、当時の生物学をのぞいてみたとき、フロイトを驚かせたのは、意外にも生物学者たちの間でも一致した見解がないということ、さらにはそもそも何をもって死と定義するのかということさえ不確かだったことです。このときフロイトがおもに参照した文献はアウグスト・ヴァイスマンの「生命の持続について」と「生と死について」および「胚原形質」の三つの論文です。これらの論文はいまではフロイトの引用以外ではあまり知られていないと思われますので、簡単に背景を説明しておきましょう。

ヴァイスマンはドイツにおける新ダーウィニズムを代表する大御所で、いまでも生殖細胞と体細胞を区別した人として生物学の教科書にも出てくる人物ですが、彼が一八八二年に発表した「生命の持続について」という論文（正確には前年の講演原稿）は当時大きな反響を呼んだようです。というのも、この論文でヴァイスマンはさまざまな生物の寿命を示しながら、そもそも有機体にとって死とは何かという大問題に自分なりの解答を与えようと試みているからです。その内容は以下のようなものでした。

単細胞動物においては普通の死をセットすることは不可能である。なぜならそこでは個体と生殖細胞 Fortpflanzungszelle がまだ同一だからである。これに対し、多細胞の有機体において身体細胞と増殖細胞 Propagationszelle が分離し、死が可能となって、それがセットされたことを知るのである。（*Aufsätze über Vererbung*, S. 34）

ここでいわれている「身体細胞」が後の用語で「体細胞」、「増殖細胞」が「生殖細胞」または「胚細胞」に当たります。ヴァイスマンによれば、生殖細胞は基本的に不死で、死ぬのは体細胞およびその集合体としての個体です。つまりその区別のない単細胞生物では基本的に「死」という概念は適用できないという立場です。だから多細胞生物の生殖細胞および増殖をくりかえす単細胞生物が不死ということになると言っています。では、可死的な体細胞のほうの死はどのようにもたらされるのでしょうか。ヴァイスマンは、それは合目的なものだと言います。つまりいまや体細胞と生殖細胞の「分業」の成立によって必然となった生殖メカニズムが選択原理に従いつつ円滑に作動するためには、一度それにつかわれた個体（細胞）は種にとって不必要になるばかりか、支障にさえなるため、死滅して次の世代に席を譲るようになっているというわけです。そして究極のところ、死とは一種の「適応現象 Anpassungserscheinung」なのであって、それは次のように考えられるといいます。

有機体が細胞物質の欠損の補充を止めるのは、細胞がそれ自体において、つまりその内的な本性にしたがって、無限の生殖能力をもつことができないからではなくて、その有機体にとってその能力が不必要になったとき、その能力を失うからである。（ibid. S.29）

いかにもダーウィニストらしい結論ですが、しかしこうしたヴァイスマンの見解は学界でさまざまな論議を呼び起こすことになりました。なかでもヴァイスマン自身も無視できなかったのがアレクサンダー・ゲッテの批判論文「死の起源について」でした。ゲッテの批判をかいつまんで言うと、こういうことです。死はヴァイスマンが言うような適応現象ではなく、もともと生命体のなかにセットされた必然性であり、それは単細胞生物にも認められるとゲッテはいいます。では、単細胞生物における死とはどういうものかというと、「包嚢過程 Encystirung」

つまり今日の生物学用語でいう「シスト」がそれに当たるといいます。シストというのは、動植物や菌類において一時的に小細胞や幼生が膜を被って冬眠するような状態になることをいいます。いわば細胞の機能停止状態です。この状態に入ると、細胞分裂による増殖が止まり、個体（ゲッテは単細胞にも個体を認めます）に固有な構造が解消され、有機的でありながら、もはや生きていない塊へと退化するけれども、それが後に再び機会を得て増殖を開始し、新たな個体を形成するようになります。つまり死とはこの「若返り過程 Verjüngungsprocess」を準備する細胞の一時的機能停止にほかならないとされるわけです。だから後生動物の死も、けっして（有性）生殖とともに新しく生じたものではなくて、包嚢過程をとおして有機体が最初に発生した状態にまでさかのぼる太古の装置の名残りだと考えられます。ゲッテの結論を紹介しておきましょう。

> 以上の考察からわれわれは必然的に次のようなことを確信できるように思われる。すなわち、胚による多細胞生物の生殖は何らかのきっかけで多細胞生物自体が初めて獲得したものではなくて、その単細胞の祖先から遺伝的に受け継いだものであるということ、またさらにそれはたんなる分裂ではなく、分裂と結びついた単細胞生物の若返りにその根をもっ

ているということである。このことは何よりもまず、かの生殖と結びついた多細胞生物の自然死がその生物の存在とことの始まりから必然的に結びついているという推論を確かにするのである。（S.68）

このゲッテに対するヴァイスマンの反論が、フロイトが参照している論文のひとつ「生と死について」です。あまりくわしく述べられませんが、ヴァイスマンの反論の要点は以下のとおりです。死とは生の最終的な停止のことであり、ゲッテのいうような復活の能力を備えた状態を死と呼ぶことはできない。それに死をいうかぎりは「死体」の存在がメルクマールになるはずだが、単細胞生物における細胞分裂ではそれが認められない。したがってゲッテのいうように「包嚢過程」と死を同一視することはできない、ということです。これ自体はある意味で当然の反論です。われわれ素人にさえ、ゲッテの包嚢と死との同一視はやはり無理筋と思えますから。しかし、ゲッテが単細胞生物のなかにも多細胞生物の生殖に対応する「若返り」を指摘したことは、簡単に無視してすますことはできません。

さて、フロイトにもどりましょう。フロイトはまずヴァイスマンが細胞を二種類に分けたことに注目してこう言います。

この研究者（ヴァイスマン）に由来するのが、生命体を可死的なものと不可死的なものとの二つに分けることである。可死的なのが狭い意味での身体、すなわちソーマであり、こちらだけが自然死に従う。しかし胚細胞のほうは可能態としては不可死であり、特定の条件に恵まれれば新しい個体に成長するか、別の表現をすれば、新しいソーマで身を固めるのである。（III, S.254/5）

「ソーマ」とはギリシャ語で文字どおり「身体」を意味する言葉で、すでに生物学でも――おそらくヴァイスマン以来――「体細胞」の意味でつかわれています。なぜフロイトはこの区別に興味を抱いたかというと、ここに自分の仮定する生の欲動と死の欲動の二元論との類似性を見出したからです。いうまでもなく、胚細胞が生の欲動に、体細胞が死の欲動にそれぞれ対応します。しかも胚細胞が生殖の担い手であることを考えると、生の欲動のエロース的性格とも重なります。ところが、フロイトはこの類似性はたんなる見かけだけで、自分の仮説を裏づけるものにはならないと考えました。なぜなら、フロイトは、単細胞生物ひいてはすべての細胞に死が内在している、あるいはインプットされているという結論を期待していて、その期待が満たされれば、生の一部ではなく、生それ自体が本質的に死をはらむというテーゼを徹底できるからです。だから、フロイトはこう言います。

高等な有機体に自然死が認められても、あまりわれわれの助けにはならないことは容易にわかる。死が生物が後になって獲得するものであるなら、地上の生の始まりから導き出される死の欲動は問題外になってしまう。(III, S.256)

つまりヴァイスマンの細胞の区別によって、かえって死の決定的な把握が曖昧になってしまったというわけです。そこでフロイトはあらためてヴァイスマンの論敵だったゲッテのほうに目を向け、こちらではまだ死が原生動物における生殖(増殖)の直接的な帰結としてとらえられているとして、こちらの方向での研究を追うことになります。もちろん、シストと死を同一視しようとするゲッテの立場にはまったく関心を示してはいませんが。そこで原生動物にも死が認められることを期待していたフロイトの興味を引いたのは、アレクサンダー・リプシュッツの『われわれはなぜ死ぬのか』を介して知ったと思われるアメリカの生物学者ローランド・ロス・ウッドラフの実験とそれにまつわる話でした。

ウッドラフはゾウリムシを培養しつづけ、それを三〇二九世代まで追い、その間ゾウリムシの老化や退化の徴候が見られなかったことを示した人です。そしてこのような長期にわたる生命の持続性から、原生動物の不死が証明されたとしたわけです。フロイトはこの実験に、接合ではなく、あくまで細胞分裂によって増殖する例を見ているのですが、このウッドラフの実験によって、やはり原生動物では死の欲動を設定することはできないかもしれないという可能性が高まります。しかしまもなく、このウッドラフの実験をくつがえすような実験があることを知ります。また、当のウッドラフ自身も、実験において毎回新鮮な培養液を取り替えるのをやめると、やはり世代ごとの老化が生じることを確認し、「自らの新陳代謝の産物がその世代の死につながるようなはたらきをもつ」と結論づけました。そしてこうした生物学界における試行錯誤の動向を横目に見ながら、フロイトが下した判断が以下のようなものでした。

原生動物においては、後に不死とみなされる実質が可死的なそれからまったく分離していない。生を死へと導く欲動の力はここにおいても初めからはたらいているのだが、その効果が生を維持する力の効果によって隠され、それを直接証明することが難しくなっているのかもしれない。(…)死は後の獲得物であるというヴァイスマンの主張は、死が明瞭に立ち現われる場合にのみ妥当し、死へと駆り立てる過程についての仮説を不可能にするものではない。生物学が死の欲動の承認をはっきりと取り払ってくれるかもしれないというわれわれの期待は、満たされることがなかったのである。(III, S.258)

正直なところ、この結論づけはやや強引の印象をまぬがれません。後の眼から見れば、その後に発見されたゾウリムシの(「増殖」ではなく)「接合」という新事態をどう解釈するのかというようなこともあるかもしれませんが、いずれにせよ新陳代謝の結果排出される自分の老廃物を蓋然的な原因とする死という一点を根拠にして原生動物すべてにおける「内在的な死」を結論づけるのはあまりにも性急といわざるをえないからです。つまり、裏を返すと、フロイトの死の欲動という仮説概念はみかけほど強い実証的根拠に支えられているわけではないということです。そういう危うい概念を、後の精神分析学者やそれらの文献をかじった人たちが、死の欲動をあたかも自明の概念であるかのようにあつかうとすれば、その言説もはなはだ怪しげなものにならざるをえないでしょう。第二講でも名前をあげたボルク=ヤコブセンやデュフレーヌといった人たちが苛立ちを示すのも、この死の欲動というきわめて危うい概念が一人歩きして、まさに怪しげな「解釈」が出回っていることに起因していると思われます。フロイト以降の精神分析関係の著作や論文を読むとき、正直いって、私にもそういう不満や違和感がときどき湧かないわけではありません。

しかしながら他方で、フロイトの想像力が生み出した生命体に内在する死の欲動という考えが現代の生物学にとってまったくのナンセンスかというと、かならずしもそうとは言えないのです。それが「はじめに」でも触れた現代生物学にいうアポトーシス、すなわち生体の遺伝子にプログラミングされた細胞死という現象です。くわしい説明は専門家にまかせる以外ありませんが、アポトーシスというのは、たとえば生命体が形態変化をおこすときに、不要となった部分の細胞が死滅することによって、その形態変化を進行させるメカニズムのようなものです。たとえばオタマジャクシが蛙へと変化するとき、尻尾を失いますが、このとき尻尾を形成していた細胞が自動的に死滅することになります。人間の場合でいえば、指が一本一本独立して成長していくとき、その指と指との間の部分の細胞が消えていくことなどが、その例として挙げられますが、それらの例はある意味では生に内在して、生の営みを補助するような死ということになります。今日では、不断に体内にできる癌細胞が排除されるのもこのアポトーシスのはたらきによるとされています。これはあくまで多細胞生物の体内における部分死でしかありませんが、生に内在する死という考え方にとって無視できない現象ではないでしょうか。

## アンビヴァレンツとサディズム

たったいまも見てきたように、フロイトはきわどいところで死の欲動仮説を保ったのですが、確固とした自信もないので、このあたりの記述には「大胆に一歩を進めよう」とか「今日の欲動論が曖昧である以上、われわれに教示を与えてくれるような思いつきを退けてしまわないほうがよいだろう」というような消極的な文句がたびたび顔を出します。しかし、一度その「思いつき」を自分の立場にすると、フロイトのSpekulationは逆に「大胆」になります。

くりかえせば、このSpekulationが死守しようとしているのは、生命体内部の生の欲動と死の欲動、言い換えればエロースとタナトスの二元論です。この二元論を原理に置いてみると、どういうことが考えられるか、それが次の課題です。フロイトはまずこれを念頭に置いて従来のリビドー理論を整理しながら、対象に向かうリビドーとしての対象愛と自我に向かうリビドーとしての自己愛すなわちナルシシズムという従来の考えを再確認したうえで、「アンビヴァレンツ」の概念に新たな解釈を与えます。

アンビヴァレンツというのは「両価性」とも訳されたりしますが、心理学的にはとくに二つの相矛盾する情動が同時に認められる場合を意味する概念で、俗にいう「愛憎相なかばする」

とか「可愛さ余って憎さ百倍」といった言いまわしに見られるような感情のことです。精神分析の分野ではこの概念はブロイラーによって積極的に取り入れられました。その影響を受けてフロイトもこれを自分の理論に取り入れていたのですが、生の欲動と死の欲動の二元論仮説によって、この概念の新たな位置づけが可能になります。

フロイト理論において重要な意味をもつアンビヴァレンツとは、普通の意味と同じように、同一の対象に対して「愛」と「憎」の矛盾した感情が生じてしまうという事態をさしますが、フロイトはこの二つの感情こそほかならぬ生の欲動と死の欲動の現われではないかと考えたわけです。とはいえ、愛が生の欲動の核をなす性欲動とつながることは明らかだとしても、憎しみの感情と死の欲動を直接同一視するのはかならずしも自明ではありません。しかし、フロイトはこの憎しみを「攻撃性」一般に置き換え、それを死の欲動と重ねます。ここでフロイトが早くから倒錯した幼児の性欲として認めていたある概念に新たな光が当てられることになります。それがサディズムです。

われわれは以前から性欲動のサディスティックな要素を認めている。この要素は、われわれも知っているように、自立しており、倒錯として人格の性的努力のすべてを支配する。

それはまた私のいう「前性器的体制」のひとつにおいても支配的な部分欲動として出てくる。しかし、対象の損傷を目標とするこのサディズムの欲動をどうやって生命を保持しようとするエロースから導き出すことができるというのだろうか。サディズムはもともとはナルシシズムのリビドーの影響で自我から押しのけられた死の欲動で、それが対象に即して現われるという仮説が立てられないだろうか。（III, S.262/3）

つまり、倒錯とはいいながら、サディズムのなかにエロースと「攻撃」というかたちをとった死の欲動の同時的共存が見られるのではないかとフロイトは考えたわけです。さらに、サディズムにおける対象に向けられた死の欲動が転じて、自我のほうに向かったのが同じく倒錯的な部分欲動としてのマゾヒズムになるということになります。

こういうサディズム・マゾヒズムと死の欲動との密接な関係が語られるとき、私にどうしても連想されてくるのが、フランスの特異な思想家ジョルジュ・バタイユです。じじつバタイユはわれわれのテクストが出て数年後に、アドリアン・ボレルのもとで精神分析の治療を受け、その影響でフロイトの著作を読んでいるので不思議ではないのですが、彼の思想はある意味で『快原理の彼岸』におけるフロイトの仮説をさらに徹底させたものと言うことができます。たとえば『エロティシズム』を書き出すに際してバタイユはこう述べています。

これから私は、不連続な存在である私たちにとって、死が存在の連続性という意味をもつことを明示しようと思う。たしかに生殖は存在の不連続につながっている。だが他方で生殖は存在の連続性を惹き起こしもするのである。つまり生殖は密接に死と結びついているのである。私は、死と存在の生殖について語ることによって、死と存在の連続性が一致していることを明示してみたいと思っている。というのも、死も存在の連続性も、ともに魅惑するものだからだ。そしてこの双方の魅惑こそがエロティシズムを支配しているのである。(『エロティシズム』p.20/1)

普通に生を切断する死が不連続だというなら、わかりやすい話です。ところがバタイユは死が連続だと言っているのです。それは死が連続を保証する生殖すなわちエロースと本質的に切り離すことができないからです。言い換えれば、連続を保証するエロースの事前や事後に死が現れるのではなく、むしろそのエロースのまっただなかに現われてくるということです。バタイユにおいて、このエロースと直接に結びついた死は、フロイトの場合と同じように、はっきり暴力としてもとらえられています。

生殖をおこなう極微動物たちの移行変化は、肉体のエロティシズムの局面で私たちを息苦しくさせる暴力の根源を私たちに再発見させる。いやそればかりではない、この暴力の内的な意味を私たちに明示する。肉体のエロティシズムとは、相手の存在に対する侵犯でなくて何であろう。死に隣接した、殺人に隣接した侵犯でなくて何であろう。（同書 p.27/8）

さきにフロイトのところで見たように、死の欲動は攻撃欲動というかたちをとり、他者をもまた自分をもその攻撃の対象にしうるのでした。バタイユはそこにあらゆる「暴力」の起源があると考えているのです。それをもっとさかのぼれば、そもそも生命体が生殖をおこなうかぎり、暴力は必然的な宿命としてそこに内在しているという考えです。だから、こうしたエロティシズム観をもったバタイユがあの特異な小説家マルキ・ド・サドに特別な関心を寄せたのも当然です。

私が探究を進めているエロティシズムの領域では、性による再生産（生殖）と死が同時に問題になってくる。誕生と死という表向き正反対であるものが深いところで一致していることを私が立証できるようになるのは、もっとさきに進んでからだ。だが両者の外面的な結合ならばもうすでにサドの世界のなかで明示されている。（同書 p.67）

ややエピソード的なことをつけ加えておきますと、エロティシズムに関する古今東西の図像を集めた『エロスの涙』の結論部で、バタイユはかつて中国でおこなわれた残虐な百刻みの処刑シーンの写真数枚を示しながら、これを「私の人生において、ある決定的な役割を持った」と述べ、それに直接サドを重ねているのですが、バタイユにとって「決定的」な意味をもったというこの写真の一枚は精神分析の治療を受けたボレルからもらったものだとわざわざ書きとどめてもいることは私には何か象徴的に聞こえます。

## 生命差異

いままでは死の欲動の有無に焦点をしぼって見てきましたが、それに対置される生の欲動とりわけ性欲動のほうに関しても興味深い Spekulation が見られます。われわれの思考をもう一度こちらのほうに立ちもどらせるために、さきの死の迂回路としての生を説明した箇所で引用したことをくりかえします。

最高度に興味深いのは次の事実である。すなわち胚細胞のこのはたらきは、自分とは似ていながら異なった他の胚細胞との合体によって強化されるか、またはそもそもそれによってその能力を与えられるという事実である。

このような個体を超えて生きのびる原基有機体の宿命を顧慮する欲動や、それが外界の刺激に対して無防備なとき、安全な場所を確保する欲動、さらには他の胚細胞との出会いをお膳立てする欲動、これらが性欲動のグループを構成する。（III, S.249/50）

この性欲動の原初形態としてはっきりしているのは、いうまでもなく「接合 Kopulation」という現象です。これが原生動物にもあることは、フロイトも知っていました。「異なった他の胚細胞との合体」としての接合がゲッテの言うような「若返り」をもたらし、それが生命維持の源となっているわけですが、問題はそれがどのようなメカニズムにおいて可能になっているかです。これについてのフロイトの推理は以下のとおりです。

> しかし、どのような仕方で二つのあまり異なっていない細胞の融合がそのような生命の更新を可能にするのだろうか。原生動物の場合、接合の代わりに化学的な刺激——それどころか機械的な刺激でさえも——をくわえてみるならば、それが新しい刺激量の流入によって生ずるという確かな解答が得られるであろう。これは次のような仮定を立てるのに都合がよい。すなわち、個体の生命過程は内的理由から化学的緊張を均す、つまり死に至るのだが、その一方で、個体として異なった生命体との合体が、いわば新しい生命差異 *Vitaldifferenzen* を導き入れて、この緊張を増大させると、ついでその緊張が相殺されるにちがいない、という仮定である。（III, S.264）

私の訳の拙さもあるでしょうが、この解釈困難な引用には若干のコメントが必要でしょう。この「仮定」のなかの「内的理由から化学的緊張を均す」とは、前にも述べた「無機状態への回帰」すなわち死の欲動のことです。解釈が難しいのは接合という事態に直結すると思われる「生命差異」という言葉です。フロイトはこの言葉をわざわざイタリック体にして強調しています。この言葉はたんに別の個体のことを言っているだけとも読めますが、どうももう少し裏があるように思えてなりません。フロイト自身はこの概念にまったく説明を加えていませんので、ここからは私のSpekulationです。

いろいろ調べてみると、この「生命差異」という造語を初めてつかったのは哲学者のリヒャルト・アヴェナリウスのようです。アヴェナリウスといっても今ではピンとこない人が多いと思いますが、レーニンが『唯物論と経験批判論』でマッハとならべて批判している、あのアヴェナリウスだといえば、多少心当たりのある人も出てくるかもしれません。アヴェナリウスはフロイトより十歳余り年上だけですから、フロイトが当時有名だったこの哲学者の著作を知っていた可能性は充分あります。では、アヴェナリウスは「生命差異」という言葉をどのような意味でつかったのでしょう。

アヴェナリウスはマッハと同様に、いわゆる「経験批判論」の立場をとって、あらゆる形而上学的ファクターを排除して直接の与件である純粋経験から始めることを提起した哲学者です。この哲学的立場を生物学的に基礎づけようとするときに問題の「生命差異」というタームが出てきます。その文脈を少々紹介しておきますと、アヴェナリウスによれば、個体(個人)は「システムC(=大脳)」に代表され、それに集中されているのですが、このシステムはたえず自分の諸力を維持するための最大値を目指しています。さらに、このCシステムにおけるもろもろの過程は環境構成素(R)と新陳代謝変化(S)とに依存しており、この両者が平衡状態を保っているあいだシステムCはその維持最大値にあるのに対して、この安定状態が崩れると「生命差異」が生じます。そしてその場合「自立した生命系列 Vitalreihe」がその「生命差異」すなわちそのつどの「障害」を低下ないし相殺するよう努めるとされます（cf. Avenarius: *Kritik der reinen Erfahrung*）。

　少しオートポイエシスの考えを連想させるところもありますが、このイメージでさきのフロイトの引用文を読んでみると、どうなるでしょうか。「異なった生命体との合体」すなわち接合の瞬間に「新しい生命差異」が導入されるというのは、それまで一定の安定状態にあった生体に外部から別の生命的要因が加わるということです。この要因とは具体的にはたしかにもうひとつ別の生体のことであり、ミクロにはその生体の胚細胞のことでしょうが、究極的にはかならずしも細胞である必要はないかもしれません。引用に言われている外部からの「化学的刺激」や「機械的刺激」のように、それと同じはたらきをもつファクターでいいはずです。「生命差異」というきわめて抽象的な表現は、だからこの表現を広くとって、差異がもたらす活性化能力のようなものだと考えたほうが良いと思われます。いずれにせよこの外部ファクターとの合体によって、それまで安定していた生体の内部に緊張が生じます。その意味でそれは一種の「支障」をきたすわけですが、しかし同時にそこには「若返り」現象が起こり、そのリフレッシュされたエネルギーをもった「自立した生命系列」（この「系列」はドゥルーズのいう「セリー」に近いものかもしれません）が緊張を緩和し、生体は再び安定化するというメカニズムが考えられるのではないでしょうか。

もし以上のような推測が可能だとすると、接合による生命の連続にとって決定的な意味をもつのは、異なるものどうしの出会いまたは合体にこそ生命を持続させる源があるということになります。ベルクソンならこれを「エラン・ヴィタール」と表現することでしょう。この考えをもう一歩だけ進めてみます。いま接合は差異の合体だと言いましたが、合体したものはそのまま同じ状態にとどまっているわけではありません。合体の瞬間から分裂がくりかえされます。今日なら遺伝子情報にもとづいた分子の組み換え運動が開始されるとでもいうことになるでしょうが、いずれにせよ、これは一種の分節化、差異化の運動です。つまり差異の出会いに触発された新たな差異化とでもいうべきこと、これが生命持続のベースをなしているとまでは言うことができるのではないでしょうか。ドゥルーズもベルクソンのエラン・ヴィタールを論じて、こう言っています。

持続の内部で、内的な、爆発力によって、持続は差異化する。さまざまにわかれたセリーのなかでのみ持続はおのれを肯定し、延長し、前進する。まさに持続がこのような運動のなかに現われるときに、それは生命と呼ばれる。(『ベルクソンの哲学』p.105)

そして、こう言われたベルクソンもまた、まるで言説的因果の連鎖をたどるように、フロイトが参照したヴァイスマンの「生殖質の連続」説に触れながら、こう述べたのでした。

この観点からすると、生命とは、成長した有機体を媒介として胚から胚へ移りゆく一つの流れのように見える。さながら有機体そのものは、古い胚が新しい胚となって生きつづけようとして生じさせたこぶもしくは芽にすぎないかのように思われる。(『創造的進化』p.159)

この生の連続性に関連して付けくわえておけば、近年精神病理学者の木村敏氏が同じ「生」を表わすギリシャ語の「ビオス」と「ゾーエー」を区別して、ビオスが個々の個体が担う一回的な生であるのに対して、ゾーエーのほうはそれらのビオスが共有する生で、しかもタナトスによって区切られることのない生、言い換えれば、タナトスと一体になった生であるとして、この「生命論的差異」を考慮に入れなかったことが「フロイトの「死の欲動」論の最大の問題点」だと述べています（『関係としての自己』p.192ff）。さきに述べた「差異」とはまたちがった「差異」の観点の導入です。この考え方にしたがえば、生の連続性とは非人称で匿名のゾーエーの連続性のことになるわけですが、この発想はまさに私が本書の冒頭から述べているロマンティク以来の「意志」や「Es」の系譜に属すると言うこともできます。というのも、さきの引用も示唆しているように、ベルクソンにおいては、彼の認識論とは反対に、個々の有機体およびその生命活動が実体をなし、生の連続性はむしろ一種の「仮象」とみなされるのに対し、木村氏の場合は反対に、真の実在はゾーエーであって、個々のビオスのほうこそ「仮象」だということになり、それは natura naturans が個々の自然現象に顕現するとするロマンティク以来の発想に類縁的だからです。私にはこの相違は、どちらに分があるかということではなくて、あくまでエロースとタナトスにアプローチするパースペクティヴの相違だと思えます。ついでに言ってしまえば、フランス型発想法とドイツ型発想法との相違といえる面もあるかもしれません。木村氏が日本におけるドイツ精神医学の権威であることも、そんな私の勝手な仮説を支持しているように見えます。

## 性と死の同時成立

われわれのテクストにおいてフロイトが最後の想像力を振り絞ろうとして力尽きた格好になっているのが、そもそも性ないし有性の生殖はなぜ、どこから生じたかという難問です。これは現代の生物学者にさえも次のように言わしめるほどの大問題です。

> 性は15億年程前にはじまったと考えられており、進化上重要であり、種内の多様性を保証するという大きな利益を種にもたらすことは疑いないが、個体の生存にとってはむしろ不利益であるとしか思えない。自然選択は主に個体にかかっていることを考えると、種にとっては有利であっても個体の存続にとって負担にしかならない性を、かくも多くの生物が生活環のどこかで営んでいるという事実はきわめて不思議なことである。この問題は、ダーウィンをはじめ多くの生物学者がくり返し問い続けてきたが、いまもって解決がつかない生物学上の一大難問となっており、性は“The Masterpiece of Natur”とすらよばれている。
> （『性と生殖』p.3）

この難問を前にしてフロイトの想像的直感とでもいうべきものが行き当ったのが、さきにも触れたプラトンの『饗宴』に出てくる、アリストパネスがエロースの起源について語る寓話でした。それをかいつまんで記しておきますと、ほぼ以下のような話になります。

その昔人間には男男、女女、男女（アンドロギュノス／両性具有）の三種類があった。これらはいずれも球形で、体の回りは背中と横腹からでき、手足をそれぞれ四本ずつもち、頭も二つ、耳は四つ、性器も二つだった。三種類はそれぞれ太陽、大地、月の子孫であり、いずれも力は強く傲慢で、神々に刃向かいもした。そこでゼウスがそれらを半分に割って、顔を切り口のほうに向け変えた。切られた半身たちはたがいに抱き合い一身同体になろうとしたが、離れている間は何もできないのでつぎつぎに死んでいった。これを憐れに思ったゼウスは今度は性器を前面に移し生殖をおこなわせると、子がつぎつぎと生まれ、仕事にも精を出すようになった。エロースに異性愛と二種類の同性愛があるのは失われたかつての組み合わせに起因する。

いかにも宴の場を盛り上げようとする喜劇作家らしく、人を食ったような笑い話というところですが、フロイトはこの寓話から性の起源に関してつぎのような想像的推理をめぐらせます。

生命体はそれに生命が与えられたとき、小部分に引き裂かれ、それ以来性欲動によってその再統一を図っているのではないか。性欲動のなかでは生命をもたない物質の化学的親和力がひきつづきはたらいているのだが、その性欲動は、原生動物の世界をとおして少しずつ、自分の生命にとって危険な刺激をもった環境——これが防護のための皮質層を作らせた——を対置してくるような困難を克服してきたのではないか。この破砕された生命体の粒子は多細胞体を形成し、最後にはその胚細胞に最大の集中力をもって再統一のための欲動を与えたのではないか。（III, S. 267）

フロイトはこれら三つの推理に何らの説明もくわえていません。それどころか、この推理を投げ出したまま、これ以上の推理は打ち切ったほうが良いだろうと言っているほどです。おそらくSpekulationが行きすぎになることを怖れる自制がはたらいたのだろうと思います。

このアリストパネスの寓話に触発されて、それに劣らぬ奇想「薄片《ラメラ》の神話」を立て、つねに部分欲動でしかない欲動がその有性性において代表しているのは死の欲動にほかならないと述べたのはラカンでしたが（『精神分析の四基本概念』p.262ff.）、どうせのことですから、われわれもアリストパネスの寓話にことよせて少々の奇想に身をゆだねてみようと思います。

アリストパネスの寓話から私がすぐに連想したのが、生殖細胞の減数分裂の話です。今日の生物学の入門書を紐解いてみますと、ほぼつぎのようなことが言われています。地球上にDN

Aを遺伝情報としてもつ生物が発生して以来、その生物は遺伝子セット（ゲノム）を一組だけもつ、いわゆる「一倍体」の生物から、やがて「接合」のくりかえしを経て「二倍体」の生物へと進化をとげた結果、その生殖過程においては生殖細胞がいったん「一倍体」へと二分する「減数分裂」が起こり、そこでゲノムの組み換え、合体がなされて、つぎの生体が誕生するということです。

この一連の過程でとくに興味深いのは、有性生殖ひいては「性」そのものが可能となるのは、二倍体の成立以降であること、そしてその「性行為」の核をなす生殖に際しては、その二倍体がいったん一倍体に分割されなければならないということです。言い換えれば、もともと一体であったものが二つに分割されて初めて性が成り立つということで、これは理屈だけならまさにアリストパネスの寓話と一致します。ここまでが私の単純な連想内容ですが、じつはこの一連の生殖過程には、われわれにとってもっと重要な問題が含まれています。それは、この過程のなかで「死」はどこに位置づけられるのかという問題です。アポトーシス研究で有名な分子生物学者の田沼靖一氏によれば、一倍体の原核生物の段階では自分からの「死」ということは存在せず、二倍体細胞生物において初めて「死」を語ることができるということです。この段階は「性」が成立する段階でもあるわけですから、これを根拠に性と死の、つまりエロースとタナトスの同時成立を言うことができるわけです。

性と死は、車の両輪のようなものである。遺伝子というカードの配り直しは、性によってのみ可能なのであり、死によって完結する。性に伴う死によって、優良な個体の出現、種の保存（遺伝子の存続）が保証されているのである。（『アポトーシスとは何か』p.230）

では、性が成立すると、なぜそれにともなって死も成立することになるのでしょう。この解答はフロイトにはありませんでした。この問題が「The Masterpiece of Natur」にからむ問題である以上、最終的な解答があるはずもありませんが、田沼氏は暫定的に次のような解答を試みています。ポイントは減数分裂後の遺伝子組み換えにあります。すなわち、さまざまなゲノムどうしの多様な組み換え可能性を武器にして生体が生きのびていくとき、「不良」ないし「不要」なゲノムの淘汰を可能にするための内的な「死」が必要になるということです。つまり、環境の変化、バクテリアやウィルスなどに対して適切に対抗できなくなったり、生殖細胞そのものが磨耗したりして支障をきたすことになったゲノムを内から死滅させて、新しいゲノムに更新するメカニズムを備えているということです。それがたんに細胞だけではなく、個体まるごとに及ぶこともあるわけです。このメカニズムは進化のきっかけとなる突然変異種の取り込みにも当てはまります。かくて、死の起源についてはこう言われます。

こうみてくると、増殖を制限し、遺伝子を安定化するために獲得した二倍体化と、それに伴う「親と遺伝子組成の異なる子を産む」有性生殖への変換と引き換えに、死が必然的に必要になってきたのだということがわかる。言い換えれば、細胞の二倍体への進化と、それに伴う有性生殖機構の獲得の中に、おそらく死の遺伝子の登場、すなわち死の起源があるにちがいない。（同書 p.172）

フロイトの生の欲動と死の欲動との二元論仮説は、こうして現代生物学の観点からみても、かならずしも時代遅れの妄想などではないことがわかってもらえたのではないでしょうか。

現代生物学の話が出てきたところで、もうひとつ脱線をしておきましょう。それはこのところ注目を浴びている iPS 細胞のことです。最近ではフロイトの時代とは比べものにならないほど遺伝子工学が発展してクローン生物の生産まで可能になっていますが、そうした動向の先端となっているのが ES 細胞（胚性幹細胞）と iPS 細胞（人工多能性幹細胞）とよばれる万能細胞の創出です。いずれも、生殖細胞と同じように、どのような細胞にもなることができる人工細胞ですが、ES細胞のほうが生殖能力をもった胚細胞をつかうのに対して、iPS細胞は本来生殖機能をもたない体細胞（たとえば皮膚細胞や脂肪幹細胞）に遺伝子操作をくわえることによってできてしまうものです。このiPS細胞からできた精子をつかったマウスの誕生にも成功しています。ということは、これはつきつめると性を前提としない一種の無性生殖と同じことになりますし、ひいてはヴァイスマン以来の生殖細胞と体細胞の確固とした区別も絶対ではなくなってしまうわけです。さきに述べたように、性と死が同時に成立するものであるとするなら、この生殖概念の変容は死の概念に対しても何らかの変更を強いてくるはずです。したがって、こうした研究開発は、倫理的な問題はもとより、われわれの死生観にも根本的な変化をもたらすことになるでしょう。

## 生と死の弁証法について

以上がわれわれのテクスト『快原理の彼岸』の中心テーマですが、この講を締めくくるにあたり、ここからさらに死についてどのような思想課題が生じてくるかについて私見を述べてみたいと思います。

これまで死は生の反対概念、すなわちその否定として理解されてきました。もっとも一般的な表象としては、誕生から死に至る期間を生ととらえ、その期間の終了をもって死とみなすことがそれに当たります。つまり死はあくまで生に付属するものであって、それ自体には「自立」した意味が認められないのです。「死んだらすべてお仕舞い」という言い回しが象徴しているように、死は生のみならず、あらゆる存在の消失でさえあります。こうした死についての表象は、むろんそれなりの根拠をもっていますし、じじつわれわれはそういう一般的な表象をもちながら日常を生きています。

これまでの多くの哲学的言説も基本的にこの表象をもとにして成り立っています。この表象において死は、いわば生の空集合のようなものですから、生の否定態として「論理的」にあつかうこともできます。哲学では、こういう発想の典型はヘーゲルや近頃の分析哲学などで見うけられます。たとえば、ヘーゲルは『精神現象学』においてこう述べています。

> というのも、生が意識の自然な肯定、絶対的な否定性を欠いた自立性であるように、死は意識の自然な否定であり、したがって求められた承認の意味を欠いたままにとどまっている自立性である。（*Phänomenologie des Geistes*, S. 145）

しかし、私はこうした論理中心主義的に生と死をとらえてしまうことに疑問を感じます。言い換えれば、死というのは、はたしてたんなる生の否定ないし裏返し、あるいは生の影にすぎないのだろうか、という根本的な疑問です。この印象ははるかに緻密に考察されたジャンケレヴィッチの大著『死』にさえも当てはまります。むろん、そこには非論理的にしか迫りえない死という事象、しかもアクチュアルな瞬間における死などへの真摯なアプローチもなされており、他の著作にはない言説的光彩を放っているのですが、しかし根本のところでジャンケレヴィッチにもやはり生の影としての死という観念がはたらいているため、大半が死をめぐる膨大な逆説的レトリックの集積という印象をぬぐいきれません。任意に引用してみれば、たとえば何度も類似の表現を借りてくりかえされるつぎのような文章がそれです。

> 当事者は、自分自身の死の秘密を最後の瞬間においてはじめて知ることになろう。生者がその時を知るのは死がそこにあるとき、つまり生きるのをやめるときだ。というのは、生者は自分の死の現在時をけっして生きることがない。つまり、最後の瞬間までその日付を知らないのだ。死がおこったとき、生者はもはやいないことだろう。この確実性の限定は、

したがって、つねに事後のものでしかない。(『死』p.147)

このように、生の影としての死のイメージはわれわれの観念世界に非常に強い根をおろしています。そうかといってまた、私はプラトンや多くの宗教家たちの想像する生から離れた独自の死後の世界といったようなことを言っているのでも、もちろんありません。言いたいことは、たとえ大雑把には生の影としての位置を与えられていようとも、死にはやはり独自のはたらきがあるのではないかということです。

その意味でフロイトが死を「欲動」ととらえたことは重要なことだと思います。通念にしたがって、死がたんなる生の否定態であるなら、欲動として存在するのは生の欲動だけであって、死はたんにその生の欲動の消失(否定)を意味するだけでよいはずです。ところがフロイトはあえてこの「常識」に逆らって、死にも欲動を与えました。これは、死というものがたんに生の否定、終了、裏返し、影ではないという認識の宣言です。要するに、死には生に還元することのできない「独自」のはたらきや意味があることを言おうとしているのです。分子生物学はそれを「プログラミングされた遺伝子」というような何とも乾いた言葉で表現するわけですが、その奥に抱えている問題をさらにつきつめれば、この死の独自な「欲動」の背後にあるものと重なってくるのではないでしょうか。

哲学者はよく「生と死の弁証法」などということを言います。日本でも田辺元のような人が晩年に「死の哲学」を打ちたてて「死復活」の弁証法を唱えたりしていますが、私の見るかぎり、そこにおいても死そのものの独自な意味合いがつきつめられているわけではありません。その論理は精緻ですが、それはあくまで生とその否定態としての死の概念的相関関係と死への「決意」や「覚悟」なるものが語られているにすぎません。フロイトが死の欲動という仮説概念で意図したのは、そうした論理中心主義的な死の理解を超えて、死独自のはたらきや意味合いに少しでも迫ってみようという知的挑戦です。その意味ではまだしもフロイトにより接近しているかと思われるのは、田辺の師匠であった西田幾多郎のほうかもしれません。彼の生命論にはこんなことも言われているからです。

普通には、唯、生の否定として生から死を考えるが、真の健康は病気を含み、真の生命は死を含むものでなければならない。死は生命に本質的なものである。かかる弁証法は有と無とを対立せしめ、または非連続と連続とを対立せしめ、有から無を考えるとか、または連続から非連続を考えるとかいうのではない。無論、またその逆でもない。(『論理と生命』

p.185/6）

欲動としての生と死はたがいに拮抗しあい、その意味ではたしかにある種の「弁証法的」な運動を示します。しかし、西田が言うように、それはたんなる裏表の概念どうしの相反関係などではありません。拮抗と相反はちがうのです。論理的相反とちがって、拮抗にはある種の力やエネルギーが必要であり、それに応じた力学やメカニズムがはたらくはずです。むろん、こう言ったからといって、生死を既成の科学に還元するということを言っているのではありません。そこにフロイトが「メタサイコロジー」をいう理由があります。メタサイコロジーというのは自然科学でもなければ心理学でもありません。もっというなら、それは精神医学でさえもありません。それはディシプリンとしてはどこにも存在しない「学《ヴィッセンシャフト》（知の集積体）」です。それは既成の学問によってはとらえきれない死という独特な現象に迫るためのフロイト独自の想像力が生み出したSpekulationの体系なのです。

# 第六講　攻撃するタナトス

ここでは死の欲動に関して、問題含みであることを知りながら、これまであえて自明であるかのようにあつかってきたフロイトの仮説のひとつを別枠で取り上げ、それをあらためて論議の俎上に載せてみたいと思います。

## 死の欲動から攻撃欲動へ

前講でも触れていたことですが、フロイトは死の欲動と攻撃欲動を同一視していました。そして愛と憎のアンビヴァレンツの憎もまたこれらの概念と重ね合わされていました。一般に出回っている解説書などによれば、この死の欲動と攻撃欲動との同一視は同僚アドラーの攻撃理論の影響ということになっているのですが、ことはそれほど簡単ではありません。それを受け入れるにあたって、当然フロイトのほうにも自分のそれまでの理論仮説との整合性を図る必要があったでしょうから。普通に考えて、この二つの欲動仮説を同一視することはそれほど容易なことではなかったはずです。簡単にいえば、日本語で「死ぬこと」と「殺すこと」はたしかに最終的には同じ結果をもたらしはしますが、二つの事柄はたんに自動詞と他動詞のちがいを超えて、それぞれ別の事象を表わしているように見えるからです。この同一視が充分な根拠をもたないと、後期フロイトの多くの理論仮説が崩れてしまうのですが、私の見るところ、この点に関するフロイトの根拠づけはこれまで紹介してきた他の仮説にもまして不安定であるように思われます。では、この根拠づけについてフロイトはどう言っているでしょうか。解答はわれわれのテクストではなく、三年後の『自我とエス』のなかに見られます。

> この二種類の欲動はどのような仕方でたがいに結合し、混合混交しているのか、ということについてはまだまったく想像もつかないほどである。しかし、このことが規則的かつ大規模に起こっていることは、われわれの脈絡にとって避けられない仮説である。単細胞の原基有機体が多細胞生物へと結合された結果、単細胞の死の欲動が中和化され、その破壊的な活動がある特殊な器官に媒介されて外界へと逸らされるということに成功したのであろう。その器官とは筋肉組織のことで、死の欲動は――おそらくただ部分的にのみ――外界および他の生物に対する破壊欲動として出てきたのであろう。(III, S.308)

文末はやや意訳しましたが、ドイツ語原文ではこの部分はすべて接続法第二式で表現されており、述べられている内容のすべてが仮定であることを明示しています。さらに一年後の『マゾヒズムのエコノミー論的問題』でも、ほぼ同様の内容がくりかえされますが、こちらでは性欲動エネルギーとしてのリビドーのファクターがくわえられています。

リビドーは（多細胞の）生物において、この細胞生物を解体し、個々の原基有機体をことごとく無機的な安定性（たとえそれが相対的にすぎないとしても）へと移したがっている死の欲動または破壊欲動に遭遇する。リビドーの課題は、この破壊的な欲動を無害化することであり、その大半をすみやかに筋肉組織という特殊な器官の助けを借りて外部へと逸らす、つまり外界の対象に向けさせることによって、その課題を果たすのである。この欲動は破壊欲動、占有欲動、力への意志とも呼ばれる。(III, S.347)

このような性的欲動によって変容され、外部に向けられた死の欲動、すなわち破壊欲動がサディズムの起源であり、またそれが器官の内部にとどまって性的変容を受けるのがマゾヒズムだと説明されるのですが、多細胞化にともなってできた筋肉組織によって死の欲動が外部に向けられ、それによって死の欲動の破壊欲動への転換が可能になるという論理は同じです。

ここで興味深いのは、フロイト自身は明言していませんが、この論理を一貫させると、性欲動のエネルギーであるリビドーはその対抗欲動である死の欲動を破壊欲動に変換させる中心的役割を担っているということになります。言い換えれば、エロースの活動が外界ないし他者の破壊や攻撃を生み出すという、新たな疑問を呼びおこす帰結が出てきてしまうということです。かりにこの推論が正しいとすると、前講で見たバタイユのエロティシズム論もけっして特殊な「性的倒錯」の話ではなく、ある意味では生命体一般のもつエロースとタナトスの本質的な関係に迫ったものと見ることもできるのですが、正直なところ私にはこの帰結に対してまっとうな判断を下すことはできませんし、おそらくフロイト本人にとってさえそうでしょう。なぜならこの推論はフロイトのメタサイコロジーのなかでももっとも根拠づけが不明瞭で、後にもう一度見るように、多分に矛盾をはらんだ部分だからです。あくまでフロイト理論にしたがうなら、その鍵をにぎっているのがサディズム論にあることだけは指摘しておくことはできます。

そういうこともあるのでしょう。フロイトの死の欲動を辛らつに批判するデュフレーヌは、この概念の導入は「生と性を支配しつくし」、その結果「精神分析をその核心まで腐敗させてしまう」とまで言っていますが（p.68）、私の読むかぎりでは、生と性はそれほど簡単に死の欲動に「支配」しつくされてしまうのではなく、むしろそれの破壊欲動への変容転換において依然として存在理由を確保しているように見えます。そのことの正否を認めるかどうかはともかく、このことはフロイトの死の欲動概念を擁護する論者においてもおうおうにして見落とされている点なので、あえて強調しておきたいと思います。いずれにせよ、死の欲動＝攻撃欲動の等式をそのまま疑いもなく受け入れてしまうのは、フロイトの生々しい思考実験をそのままドグマ（教条）として受け入れてしまうことで、真摯なテクスト読解としてはあまり感心できることではありません。

### 罪責感の源泉としての攻撃欲動

このように、大きな疑問が残る死の欲動と攻撃欲動との同一視問題ですが、われわれとしてはとりあえずその疑問をそのままにして、死の欲動の変容態であるとされる攻撃欲動を前提にしたその後のフロイトの Spekulation を追ってみることにしましょう。

まず、メタサイコロジーの第二トポス論を想い出してください。ここでは自我・エス・超自我の三つの審級が問題になっていましたが、問題の攻撃欲動はこのなかの超自我の形成に直接かかわってきます。さきに超自我というのはエディプス・コンプレックスを抑えこんだ結果生まれ、自我を道徳的に監視し拘束するものだということだけを述べておきましたが、ここではもう少しその仕組みに立ち入るとともに、そこに攻撃欲動がどのようにかかわっているかを見ておきたいと思います。

ことの発端はエディプス・コンプレックスでした。このコンプレックスが形成される過程で子供は母親への愛を断念し、父親、しかも自分に懲罰を与えるかもしれない父親に自己同一化しながら、その同一化した父を自分のなかに取り込み、それを超自我という一種の超越的な審級として打ち立てるのでしたが、問題はこの愛憎のからんだプロセスにあります。晩年の一九三〇年に発表された『文化のなかにあることの居心地の悪さ』という論文でフロイトはこのプロセスを次のようなかたちで解釈しなおします。

子供が最初の、しかしまたもっとも重大な充足を得るのを妨げる権威に対しては、それがどのようなかたちで要求された欲動の断念であろうとも、その子のなかに相当量の攻撃傾向が生じたにちがいない。子供はやむなくこの復讐心に燃えた攻撃性の充足を諦めなければならなかったのである。子供がこのエコノミー論上の困難な状況を切り抜けるのは、つぎのようなよく知られたメカニズムの道を通してである。すなわち、子供はこの攻撃することができない権威を同一化によって自分のなかに取り込むと、それが超自我となって、子供ならその権威に対して行使したであろう攻撃性のすべてを手に入れることになる。子供の自我は——父親の——そのように貶められた権威の哀れな役割をもって満足しなければ

ばならないのである。(IV, S.255)

死の欲動の変容である攻撃欲動がごく初期に発動された例がここに述べられています。しかもこの攻撃欲動は、権威すなわち父親の側からの攻撃に対する不安と表裏をなすものです。つまり、ここにはたがいに敵対する力関係と子供の側におけるその葛藤処理の仕方が述べられているわけです。そしてその処理の結果として超自我が生じることになります。だから超自我とはもともとは自分の欲動断念の結果取り入れられた父親像であるわけですが、子供はむろんそのことを知りません。なぜならそれは意識ではなく、無意識的なもののなかに形成されるからです。

この超自我の実質は父親による叱責ないし懲罰としての攻撃性なのですが、無意識のなかで匿名となったこの審級は人格性を失って漠然とした禁止、戒め、疚しさとなって子供の自我を拘束します。だから原始宗教の多くが「父」または「父祖」の名において戒律を守っていることも、精神分析的に見れば、不思議な偶然などではないのです。それは個人の心的メカニズムが集団レベルで作動した例にすぎないからです。フロイト自身もはっきり「父親への憧憬の代償形成としての自我理想[=超自我]は、そこからあらゆる宗教が形成されてきた萌芽を含んでいる」（『自我とエス』III, S.304）と述べています。とにかく、こうして子供のなかに生じた、本人の意識にとっては「出所不明」の禁止や戒めがさらに洗練されたもの、それが「良心」であり「罪責感」、ひいては「モラル」ということになります。

こう見てくると、良心や罪責感の成立には攻撃欲動のみがかかわっているように見えますが、そうではありません。死の欲動がエロースと切り離せなかったように、ここでもエロースが何らかのかたちでかかわってくるはずです。じじつフロイトの推理はそこまで進んでいきます。フロイトは自問します。罪責感とは一種の「後悔 Reue」だが、この後悔はその発端となるエディプス・コンプレックスとどう関係しているのかと。ここでもち出されるのがあの「愛と憎のアンビヴァレンツ」です。フロイトの説明を聞きましょう。

この後悔は父親に対する最初の感情的なアンビヴァレンツ、すなわち彼を憎むと同時に愛してもいるということの結果である。憎しみが攻撃性によって満たされると、その行為に対する後悔が生まれ、愛が前景に出てくる。そして父親との同一化によって超自我が立てられると、父親に向けておこなわれた攻撃に対する処罰であるかのように、父親の権力がこの超自我に与えられ、そうしたおこないを二度と起こさないための制約が作りだされるのである。そして父親に対する攻撃性向はつづく世代においてもくりかえされたため、その罪責感も存続し、攻撃性が抑圧され、超自我にゆだねられるたびに新たに強化されたのである。いまや、ついにわれわれには二つのことが明々白々になったと思われる。すなわち、良心の成立に愛が関与していることと、罪責感が宿命的に逃れられないものであることの二つである。(…)罪責感というのはアンビヴァレンツの葛藤、エロースと破壊ないし死の欲動とのあいだの永遠の戦いの表現なのである。(IV, S.258)

このあたりフロイトの想像力は内と外を往ったり来たりしています。一連の論理だけを少し整理してみましょう。攻撃欲動とはそもそも内にあった死の欲動が変容され、外向化されたものでした。まずそれが父親という自分の外部に向けられたのですが、今度はその外部である父親が同一化によって内面に取り入れられます。そしてその取り入れられたものがあくまで内部で自分自身を拘束するという仕組みです。ここで再びさきほどのリビドーについての論点を復活させるとどうなるでしょうか。死の欲動が攻撃欲動に変容されるときにリビドー、すなわちエロースが関与するのでした。そしていままた、外部としての父親への同一化とその内面化のプロセスにおいて、愛すなわちエロースがベースとなってはたらくと言われているのです。あくまで引用の論理を一貫させるならば、父親を憎みながらも、同時にそこに愛がなければ、その攻撃に対する後悔は出てこないし、ひいては内面化も起こらなかったでしょうから。

こういう内と外、愛と憎のディコトミーを駆使した論理はきわめて危ういところに成り立っているといえます。とりわけ愛と憎のアンビヴァレンツという仮説はたがいに矛盾し、拮抗しあうものを同時に容認するがゆえに、これを直接「論理」や「推論」に適用した場合、ちょうど表面的にのみ理解された「弁証法」概念と同じように、おうおうにしてなんでも包み込むことができる都合のいい帰結を引っ張り出してくることができてしまうからです。それはときには詭弁にさえ聞こえるでしょう。しかし、前講の性と死の同時成立というテーマに関して見たように、このアンビヴァレンツは生物学的にも微妙な問題をはらんでいます。したがってこの愛と憎ないしエロースとタナトスのアンビヴァレンツがたんなる「詭弁」にすぎないのか、それとも生物学的に何らかの根拠をもっているのか、という問いへの解答は依然として開かれたままであり、おそらくそれは永遠の「The Masterpiece of Natur」でありつづけることでしょう。言い換えれば、フロイトの危うい推理はそういう想像力の臨界点にまでつきつめられていると言うこともできます。

ところでいま述べた超自我と罪責感が成立する仕組みについての一見独創的な推理は、思想史的にみると、けっしてフロイトのオリジナルではありません。じつはこれにはモデルがあるのです。それはフロイト自身も読んだことを隠さないニーチェです。ニーチェは『道徳の系譜学』において、キリスト教の罪概念を念頭におきながら、その起源を次のように推理しました。

まずニーチェはドイツ語の「Schuld（罪）」という言葉が文字通り「Schulden（借り／負債）」という物質的な概念に発することに注意を促します。つまり罪とはもともとは貸し手と借り手のあいだの交換関係から生じた概念だということです。借り手は負債の返却が済むまで、ある物件あるいはある額の金銭を借りたという事実を記憶にとどめつづけなければなりません。それは貸し手に対する一種の負い目となります。そしてさらに、負債が返却できなかった場合には、貸し手に有利なような何らかの処罰や報復が課せられることになります。ここでのポイントは、借り手に負い目ができることと、貸し借りがうまくいかなかったときは処罰という一種の暴力が負債とのバランスをとるということです。では、こういうごく普通の交換関係から罪という内面的な心理がどのように生まれてくるのでしょう。ニーチェによれば、その秘密は人間が社会と平和を知ったとき、それまでの「本能 Instinkt」の行き場がなくなったことにあるとし、そしてこう言います。

外に放出されない本能のすべては内に向かう。これが私のいう人間の内面化である。これによって初めて人間に、後に「心」と呼ばれるようになるものが育ってくるのである。もともとは二枚の被膜のあいだほどの薄っぺらなこの内面世界の全体は、人間の外への放出が妨げられるほどに伸長し、深さ、広さ、高さを獲得してきた。国家組織が自由な古い本能に対抗して自らを防衛するためのあの恐るべき防塁は――とりわけこれには処罰がつきものだが――野蛮で、自由で、あてなき人間の、あのすべての本能を逆戻りさせ、人間自身に向かわせたのである。敵意、残虐、そして迫害、襲撃、変動、破壊の悦び、すべてこれらはその本能の持ち主自身に向けられるのだが、これこそ「疚しさ」の起源にほかならない。(KSA 5, S.322/3)

ここでは「欲動」ではなく「本能」という言葉がつかわれていますが、その内実は「敵意、残虐、そして迫害、襲撃、変動、破壊の悦び」すなわち破壊欲動ないし攻撃欲動であり、それが「内に向か」って「疚しさ」を生むという点で、フロイトの論理構成と大変よく似た仕組みになっています。「疚しさ」と訳した言葉は「schlechtes Gewissen」すなわち一種の「良心 Gewissen」です。フロイト自身は告白していませんが、おそらくフロイトの罪責感についての論理は、このニーチェのアイデアを借りたものでしょう。じつは、もうひとりこのニーチェのアイデアを借りて自分独自のテーゼを立てた人物がいます。それは「パノプティコン」という監獄建築のなかに自己処罰の仕組みを読みとったフーコーです。これについてはここでは詳しく述べませんので、ニーチェ・フロイト・フーコーとつづく系譜に興味のある人はフーコー自身の著作『監獄の誕生』および拙著『憂鬱な国／憂鬱な暴力』第二章を参照してもらえたら幸いです。

## メランコリーの構造

右に述べたような罪責感が成立する論理構造を精神病理に適用したのがフロイトのメランコリー論です。「メランコリー」という言葉は今では病理現象にかぎらず、ある特定の情緒や情感をも表わす言葉ですが、ここでは精神病理単位としてのメランコリーが問題となります。今日国際的に出まわっているアメリカの診断基準DSMでは、この概念は曖昧だとして「鬱病depression」のなかに分類されて入れられていますが、ドイツ語圏および日本などでは「単極性鬱病」の別名としてまだ病理単位として生き残っているようです。その背景にはアングロ・サクソン系とは異なった精神医学や文化的伝統の差異がありますが、ここではそれに立ち入ることはしません。

フロイトにおいてこのメランコリーが本格的に取り上げられるのは一九一七年の論文「悲哀とメランコリー」からです。ここでフロイトは悲哀とメランコリーという一見よく似ている二つの現象を比較しながら、悲哀が愛する対象を失ったことに対する反応であって、自分が何を失ったのかもはっきり意識されているのに対して、メランコリーは、同じように愛する対象の喪失に起因しながらも、本人には何が失われたのかが自覚されない状態だとして、後者の病的特徴を次のように記述します。

メランコリー者はさらに、悲哀では見られないこと、すなわち自分の自我感情 Ichgefühl の異常なまでの低下、著しい自己卑下 Ichverarmung を示す。悲哀においては世界が貧しく空虚であるのに対して、メランコリーにおいては自我自身がそうなるのである。患者は自分が劣っていて、無能で、道徳的に非難されてしかるべきだと述べ、自分を叱責しながら、追放されたり処罰されることを待っている。彼は他のだれに対しても自分を卑下し、自分の身内に対しても、自分のような値打ちのない人間とつながっていることを申し訳なく思う。彼は自分の身に起こった変化に判断を下すことをしないで、その自己批判を過去のことにまで及ぼして、一度たりとも良かったことがないなどと言い張るのである。（III,

S.200）

これは一般的にもメランコリーに対してよく指摘される症状ですが、フロイトはこの自己卑下や自己処罰のなかに次のようなニュアンスを嗅ぎ取ります。

メランコリー者の多様な自己非難を根気よく聞いていると、ついには、その非難のなかでもっとも強い批判がしばしば当人にはあまり当てはまらず、それに少し手をくわえれば、むしろその患者が愛しているか、愛していたか、あるいは愛すべきだと思っている別の人物のほうに当てはまるという印象をぬぐいさることはできない。この推測は、実情を調べれば調べるほど、確かになっていく。したがって、この自己非難が、愛の対象から反転して自分の自我のほうに向けられた非難であることを認めたとき、この病像の鍵を握ったことになる。（III, S. 202）

ここに本来外に向けられた攻撃欲動が内面化して自分自身に向かうという、さきほどの論理がそのまま適用されているのがわかると思います。そしてこれを例のメタサイコロジーの概念をつかって説明しなおしたのが、次のような言葉です。

この経緯を再構成するのは難しいことではない。まず初めに対象の選択、すなわちある特定の人物へのリビドーの結びつきがある。この愛された人物の側から本当の侮辱または幻滅を受けたせいで、その対象関係に動揺が生じる。ところが、その結果はリビドーがこの対象から引いて、新しい対象に向けられるという正常な結果とはならず、それが成立するために多くの条件を要求するような別の結果となる。つまり、その対象備給はあまり抵抗なく放棄されるが、自由になったリビドーは別の新しい対象に移されることはなく、自我にもどされるのである。しかし、そのリビドーはそこで任意につかわれないで、自我と放棄された対象の同一化を生み出すためにはたらく。その対象の影が自我のうえにかかり、自我はある特別な審級によって対象、それも捨て去られた対象であるかのようにみなされることが起こりうる。このようにして、対象喪失が自我喪失に変じ、自我と愛される人物との葛藤が自己批判と同一化によって変化した自我との分裂状態に変じてしまうのである。（III, S. 202/3）

外に向けられていたリビドーが自分のほうにリターンしてくるといっても、たんなる折り返しではありません。この折り返しは超自我を媒介とする間接的な道になります。超自我というのは、すでに見たように、子供がエディプス体験の克服過程で同一化して自分のなかに取り入れた無意識的な「父親」のことでした（厳密には、この「父親」はやや抽象的に「父親的なもの」と理解したほうが良いように思います。実際の父親以外でもそのような役割を担う可能性があると思われますので）。それはもはや具体的な父親から離れて訓戒や禁止を中身とする広い意味でのモラルや良心のことです。言い換えれば、自分でもなぜかわからないまま、とにかく自分の行動や考えを拘束するものです。だからリビドーが内に向かうとは、この監視する超自我が自我に対して拘束力を発揮するということにほかなりません。フロイトによれば、メランコリーのもっとも特徴的な罪責感とか自己処罰の感情とは、さしずめこの超自我が強すぎて自我を萎縮させてしまうような状態ということになります。だから、フロイトはメランコリー者においては「超自我が自我そのものを強奪してしまった」という印象が強いともいうわけです。そしてこの過剰に強くなった超自我の危険性をこう表現します。

まず、メランコリーに目を向けると、意識を強奪してしまった過剰に強い超自我が自我に対して情け容赦もなく荒れ狂い、その個人のなかのあらんかぎりのサディズムを占有してしまったかのようにみえる。われわれのサディズム理解にしたがっていえば、この破壊的要因が超自我のなかに溜められ、自我に向けられるのだと言うことができよう。いまや超自我のなかを支配するものは死の欲動の純粋培養態であり、自我があらかじめその専制君主の錯乱［つまり躁状態：訳者］に急変することによって自己防衛しないと、じっさいこの欲動がしばしば自我を死にまで駆り立てることがあるのである。(III, S.319/20)

鬱病と自殺の親和性についてはこれまでにもよく言われてきたことですが、残念ながらこれは事実のようです。日本でも毎年三万人を超える自殺者が出ていて、その直接的な原因は破産、生活苦、病苦、対人関係のもつれ等々とさまざまですが、心理的にはそれらに鬱状態が重なることは少なくないようです。名著『メランコリー』を著したテレンバッハによりますと、メランコリーに罹りやすい人は病前から「メランコリー親和型 Typus melancholicus」の性格が強く、何事も几帳面で、過度なまでに秩序志向が強く、それが発病に際して過度の罪責感となって現われるということですが、こうした解釈はフロイトの仮説と矛盾しません。過度に几帳面で秩序志向が強いというのは、俗にいえば、馬鹿真面目ということですが、フロイト的にいえば、その人の良心や倫理観のもととなる超自我が強すぎるということと同じです。そしてその過剰が患者を自殺にまで追い詰める危険性があることを両者ともに認めているのです。また罪責感に関しても、ニーチェが指摘したように、それが「負債／借り」に起源をもつとすれば、まさに取り返しがつかないほどの事業の失敗や破産といった事態は、そこに生じた「負債」がそのまま内面化されて「罪意識」にまで発展し、その「決算」としての自殺という最後の「自己処罰」を誘発する可能性も高いわけです。

モーリス・パンゲのモノグラフィー『自死の日本史』にも描かれているように、日本にも自殺によって名を残した人物が少なくありませんが、そのなかでも殉死によって神格化までされることになった乃木希典のような人は、おそらく超自我が異常に強かった人物だったと言ってよいかもしれません。彼にとっての超自我は文字通り天皇という彼にとっての超越的な「父親」と一体だったのでしょう。また西南戦争において隊旗を奪われたり、日露戦争に際し指揮官として、自分の息子二人を含む多くの兵士を失ったことは、あるいは彼にとって、その超越的な父親に対する返済不可能なほどの大きな「負債」であったのかもしれません。

こうして見てくると、たしかにフロイトのいうように、自殺という現象は攻撃欲動へと変じた死の欲動が自己自身に向けられた結果であるかのように見えます。『自我とエス』のなかの次の象徴的な言葉はまさにそれを言っています。

もし自我が超自我の攻撃を受けるか、それに屈するかすれば、その宿命は原生動物が自分の産み出した分解生成物で滅びるのと好一対である。われわれにとって、エコノミー論的な意味で、そのような分解生成物のように見えるのが超自我のなかにはたらく道徳なのである。（III, S.323）

ゾウリムシの死滅とメランコリー者の自殺を一挙につなぐ、このフロイトの大胆なSpekulationは、荒唐無稽な空想のようでありながら、どこかでわれわれの想像的探究心をくすぐる力を宿しているのではないでしょうか。

## 子供の攻撃心

以上のようなメランコリー分析の成果を生み出したにもかかわらず、当初フロイト自身が「私自身はどれほどまで信じているのか、自分でもわからない」と言っていた問題含みの死の欲動／攻撃欲動という仮説概念は、当然のことにフロイトの周囲においてもあまり評判の良いものではありませんでした。フロイトに忠実だったジョーンズもこの仮説概念の出発点となったわれわれのテクスト『快原理の彼岸』をさして「この書物はフロイトの著作中、彼に従う者の側でもほとんど受け入れられていない唯一のものである点でも目立った存在である」(『フロイトの生涯』p.400)と述べているほどです。したがって、この概念をそのまま受け継いで精神分析理論を発展させていったグループはわずかにとどまりました。その少数派がイギリスのメラニー・クラインを中心としたグループです。クラインはフロイトの死後その実娘アンナ・フロイトと子供の分析治療をめぐって激しい論争をつづけた人物としても知られていますが、その理論の中心にあったのが「攻撃心《アグレッション》」としての死の欲動でした。以下、その要点をかいつまんで紹介しておきましょう。

クライン理論の特徴は、いわゆる「対象関係論」といって、自我をあくまで対象との関係においてとらえるという立場です。この自我と対象との関係は基本的に乳幼児の側からする対象の「取り入れ introjection」と対象への自分の「投げ入れ projection」の両方向の態度によって成り立っています。この場合の対象は事物でも他人でもよいのですが、乳幼児にとって最初でしかも決定的な意味をもつのが母親という対象です。要するにクライン理論というのは母子関係をベースに置くものであり、フロイトにおけるような父の果たす役割は総じて希薄だと言うことができます。だから「取り入れ」に関しても、フロイトにおいては父親の取り入れによって超自我が成立することが強調されたのでしたが、クラインにおいてはむしろ母親の取り入れが問題になると言ってもよいでしょう。

この母子関係の最初の段階が「妄想・分裂ポジション paranoid-schizoid position」と呼ばれるもので、クラインはこれはエディプス・コンプレックス以前の段階だといいます。この段階では乳児は母親の全体像をとらえることはできません。それは乳房という部分に限定されています。いわゆる「部分対象」としての母親です。「分裂的機制についての覚書」に回想的に記されたクライン本人によるこの段階の概略を聞いてみましょう。

> 私は、対象関係が生の初めから存在し、その最初の対象が、子供にとって良い（満足を与える）（good <gratifying>）乳房と、悪い（欲求不満をひきおこす）（bad <frustrating>）乳房とに分裂（splitting）する母親の乳房であるという見解を、しばしば述べてきた。そしてこの分裂の結果、愛と憎しみが分離する。さらに、最初の対象との関係は取り入れ（introjection）と投影（projection）を含み、したがって生の初めから、この対象関係は取り入れと投影との間の、そして内的および外的対象と内的および外的な状況の間の相互関係がつくられる

ことを、私は示唆した。これらの過程が、自我と超自我の形成に関与し、生後半年から1年の間に始まるエディプス・コンプレックスの基礎になる。(『メラニー・クライン著作集』4、p.4)

乳児はこの良いと悪いおよび愛と憎の「分裂」の段階を経て、次の良いも悪いも両方を兼ねそなえた統合された母親像を獲得する段階としての「抑鬱ポジション depressive position」へ移っていきます。ある意味ではこの抑鬱ポジションの分析がクライン理論の中心になるのですが、われわれの関心である攻撃欲動に関しては、すでにいま見た最初期の妄想・分裂ポジションに重要な発言が見られます。それは引用に述べられた愛憎のアンビヴァレンツを前提にした「悪い乳房」に対する「憎しみ」に示唆されています。

生の初めから、破壊衝動が対象に向かい、まず最初に、母親の乳房に対する空想的口愛的サディズム的攻撃として表わされる。そしてこの攻撃はすぐに、ありとあらゆるサディズム的方法を用いた、母親の身体に向かう猛攻撃へと発展していく。母親の身体から良い内容を奪い取ろうとする乳児の口愛的サディズム的衝動と、自分の排泄物を母親のなかに入れようとする肛門的サディズム的衝動（内部から母親を操作するために、母親の身体に侵入したいという欲望も含む）から生じる迫害的恐怖（persecutory fear）が、パラノイアと精神分裂病［統合失調症：筆者］の発展に、重要な意味をもつのである。（同書 p.4）

クラインはこの破壊衝動の源は死の本能（欲動）にあるとしているのですが、そのメカニズムはやや曖昧です。乳児にはまず死の本能に発する恐怖があるとされます。しかしその恐怖は自分には「支配不能で圧倒的な力をもつ対象に対する恐怖として体験され」、その内面化された対象としての他者が「内的な迫害者」となって、そこに「一次的な不安」が形成されます。母親、より厳密には、フラストレーションをもたらす悪い乳房への攻撃はこの不安への防衛的対処策として出てくるのですが、この攻撃はフロイトの性欲論では口唇期に当たるので「口愛的サディズム」と言われます。

この推論はしかし、いささか問題なしとしません。まず、死の本能は不安の原因となるのか、それとも破壊衝動の原因となるのか、それとも両者を同時にもたらすものなのかという基本的な疑問に答えられていないからです。私の読むかぎり、この点におけるクラインの立場はあまり明確ではないように思われます。クラインは「生体の内部において死の本能の活動から生じる不安が、絶滅（死）の恐怖として感じられ、迫害の恐怖という形をとる」（同書p.8）と述べているのですが、クラインの理論にしたがうかぎり、この迫害恐怖は乳児が自分のもともとっている不安＝恐怖を他者（母親）に「投げ入れること」ないし「投影すること」によって生じているはずです。そうすると、乳児はもともとは死の本能から生じた恐怖を克服するために、（それと知らず）同じ死の本能に発する破壊衝動をもって対処することになるわけですが、これは整合的な推理なのでしょうか。

破壊衝動をさらに発展させた有名な論文「羨望と感謝」を見ても、「幼児の母親との最初の関係において、基礎的な要因となっているのは、生への本能と死への本能とのあいだの闘争であり、その結果として生じてくる、自己と対象が破壊衝動によって破滅してしまうのではないかというおびえである」（『著作集』5、p.8）とあっさりと述べられているだけで、この破壊衝動が厳密な意味でどこからくるものかは明らかにされていません。不安の起源に関しては前論文でも指摘されていた胎児の出産時における恐怖をともなう体験が述べられていますが、これは一種のトラウマすなわち外傷であって、根源的に内から出てくる「死の欲動」とは区別されるべきはずのものです。

このように、破壊衝動を自明の前提としてあつかうクラインにあっても、その起源および死の欲動との関係についてはかならずしも明確ではありません。少なくとも、私には理解困難な論理立てになっています。多分クライン理論に精通しない私の誤解なのでしょうが、それにしても、なぜこのような曖昧さが出てきてしまうのでしょう。自分の無知の責任を転嫁するようで気が引けるところですが、それはおそらくクラインが「死の欲動」を「破壊欲動」としてのみ理解し、フロイトが「死の欲動」として考えていたもうひとつの「無機物への回帰」という点をほとんど重視していないからだと思われてなりません。対象関係論の立場からは、無機物への回帰などという擬似生物学的アイデアはほとんどナンセンスとしか映らないのでしょうが、理論の正否はともかく、フロイトの考えたことを最後の最後まで追ってみようと思うならば、やはりこの思考の「臨界点」を無視して通ることはできません。

## 死の欲動と破壊欲動

ここでこの講の初めに問題提起として述べておいたことにもどりますが、フロイトは「無機物への回帰」である死の欲動と破壊欲動の関連について次のような推理を述べていたのでした。それをもう一度くりかえします。

この二種類の欲動はどのような仕方でたがいに結合し、混合混交しているのか、ということについてはまだまったく想像もつかないほどである。しかし、このことが規則的かつ大規模に起こっていることは、われわれの脈絡にとって避けられない仮説である。単細胞の原基有機体が多細胞生物へと結合された結果、単細胞の死の欲動が中和化され、その破壊的な活動がある特殊な器官に媒介されて外界へと逸らされるということに成功したのであろう。その器官とは筋肉組織のことで、死の欲動は——おそらくただ部分的にのみ——外界および他の生物に対する破壊欲動として出てきたのであろう。(III, S.308)

私の知るかぎりで、いままでのところこの問題を追究した人はいません。クラインに見られるように、破壊欲動を基本欲動とする人たちでさえ、フロイトのこの空想まがいのメタサイコロジカルな推理には目をつむっています。では、このフロイトの **Spekulation** をたんなるたわごととして言説の闇に葬ってしまってよいのでしょうか。前にも述べたように、私にはそれができません。たとえたわごとのように見えようとも、まさにそういうたわごとと接するほどのイマジネーションの臨界点にこそ、ひょっとしたら思想や科学の新たな可能性が宿っているかもしれないと思われてならないからです。そもそも「死の欲動」という仮説自体がたわごとめいた話だったのが、今日のアポトーシスの研究などから、かならずしもそうではないように見えてきたのでした。だとしたら、引用のような死の欲動と破壊欲動との関係についても、何らかの新しい考えを発展させることはできないのか、そういう大望をもって、さらに私自身の屋上屋を重ねたような Spekulation を試みてみたいと思います。

フロイトを徹底的に読み直すにあたって、私が分子生物学のアポトーシスの考えに関心を抱いたのは、すでに前講で述べたとおりですが、この関心はこれまでに述べてきたような死の側から生を見てみるというパースペクティヴの逆転や性と死の同時成立という内容に限られていたわけではありません。じつは、もうひとつわれわれにとって興味深い観点が出されているのです。

アポトーシスというのは「プログラム化された細胞死」のことでした。つまり細胞は遺伝子からの指令を受けて自ら死んでいくのでした。しかし、さきに紹介した田沼靖一氏によれば、このプログラム化された細胞死には二種類があるといいます。ひとつは、前にも述べたことですが、たとえばオタマジャクシが蛙に変態していくときに尻尾を失ったり、人間でも胎児が成長していく過程で将来の指と指との間の細胞が死滅していくことによって指が形をなしてくるのですが、今日の生物学では、このときの尻尾の消失や指の間の細胞の消失がアポトーシスのはたらきによると言われています。また、生体にとって異質な癌細胞や老廃した細胞を積極的に排除するのも同じはたらきから来ていると言われます。そしてこれらのはたらきを田沼氏は次のようにまとめています。

このようなアポトーシスの事象から、アポトーシスの機能は大きく三つある。その一つは、発生の過程における「形態形成」である。二つ目は、生体のなかで不要になった細胞をすみやかに除去することによって個体としての統制を保つ「生体制御」の役割。三つ目は、さまざまな異常をきたして生体にとって有害となるような細胞を排除することによって生体を守る「生体防御」の役割である。（『死の起源』p.133/4）

見られるように、「形態形成」「生体制御」「生体防御」はいずれも「生体維持」にまとめられると思うのですが、そうなるとアポトーシスというのは、あくまで生体ないし個体の生を前提とし、それに奉仕する「細胞死」と理解して良いようです。そして――ここが大事なところですが――このアポトーシスはもっぱら再生可能な幹細胞において起こるということです。では、これに対して、神経細胞や心筋細胞のような、個体の生命を直接左右する再生されない細胞に起こる細胞死はどのようになるのでしょうか。これが二つ目のアポトーシスに関わってきます。

（…）非再生系の細胞死は、再生系細胞でみられるアポトーシスとは意味合いが異なることから、もう一つの「遺伝子に支配された細胞死」、「アポビオーシス」（apobiosis 寿死）として捉えたほうがよいと、私は考えている。（同書、p.140）

いずれにせよ、非再生系の細胞も永遠には生き続けることはできず、その分化寿命（細胞機能を果たせる期間）が尽きたところで、アポビオーシスのスイッチが入って死滅すると考えられる。（同書、p.141）

同じプログラミング化された細胞死といっても、それが再生系の細胞に起こる場合（狭義のアポトーシス）と非再生系の細胞に起こる場合（アポビオーシス）とでは、そのはたらきがある意味ではまったく逆です。前者があくまで「個体の生命維持」のためにあるのだとしたら、田沼氏の提唱されている後者のアポビオーシスというのは、反対に非再生系細胞の死によって、それが直接「個体の死」をもたらすからです。そしてこの後者に「寿死」という言葉が当てられていることからもわかるように、これが個体の寿命の決定的要因となるわけですが、ここでわれわれは前講でとりあげたヴァイスマンやゲッテの論議を想い出してもよいでしょう。

フロイトが参照したヴァイスマンやゲッテの死の論議は、もともとそれぞれの生物にはなぜそれぞれに見合った寿命があるのかという関心から出てきたものです。つまり彼らの論議において「死」とはこの「寿命」すなわち「個体死」のことを意味していたということです。フロイトが死の欲動の究極的定義ともいうべき「無機物への回帰」を想像したのは、この論議のコンテクストにおいてでした。つまり、今日的にみるならば、フロイトのこの定義はアポビオーシスに対応したものだということです。ここまで言えば、察しの良い読者はもう私の **Spekulation** がどこを飛び回っているのかがおわかりになっているかもしれません。

この講の最初からくりかえしているように、フロイトの「死の欲動」という概念に関する大きな謎のひとつは「無機物への回帰」と「破壊欲動」がなぜ同一視できるのかということでした。思い切って私の **Spekulation** を述べてみます。「無機物への回帰」がさきほどの寿命にかかわる「アポビオーシス」としての死に対応しているとするなら、もうひとつの「破壊欲動」が「アポトーシス」としての死に関係して出てくる現象ではないかという当て推量ないし空想的推理です。アポトーシスというのはあくまで個体維持のためのものでした。ここで生じる「死」はある意味で個体が異他的な細胞を「殺す」ことと解釈することができます。これに対してアポビオーシスは個体が自分自身の死を命ずるわけですから、「殺す」というより、自動詞的に「死ぬ」と表現したほうがよいはずです。

「破壊」とか「攻撃」というのはもともと対象、他者、外部を前提にした概念です。フロイトをはじめ精神分析の理論ではこの攻撃が自分自身にも向かうという発想が定着しているのですが、原基的には「破壊」や「攻撃」というのは、あくまで自分とは異なる対象や他者の認知とそれに応じた自己の形成があってはじめて成り立つものと思われます。つまり一定の自他関係、そういってよければ主客関係を前提にしているということです。さきにみたように、攻撃をテーマにするクライン派が同時に「対象関係論」と呼ばれる立場を取っていることも、そのことと無関係ではないでしょうが、いずれにせよ、「他なるものの認知」がなければ「殺す」という他動詞的行為は不可能でしょう。免疫システムにおいては分子レベルでの「自己」と「非自己」の区別が前提になるといわれます。つまり生体はウィルスや癌細胞などを「非自己」と認知し、それを「殺す」わけですが、これが今日アポトーシスのはたらきとして理解されていることはきわめて示唆的です。

このように、アポトーシスのほうに異他認知にもとづいた「攻撃」の原基があるとしたなら、それが何らかの仕方で組織化され、一定の形をとったもの、それがわれわれが問題にする「破壊欲動」につながっていると考えることはできないでしょうか。フロイトはさきの引用でも「単細胞の原基有機体が多細胞生物へと結合された結果、単細胞の死の欲動が中和化され、その破壊的な活動がある特殊な器官に媒介されて外界へと逸らされる」とし、その媒介器官が「筋肉組織」だという推理を述べていました。このSpekulationはいまや私には、つぎのように「改釈」することができます。すなわち、有機体の多細胞化にともなって、異他認知をもったアポトーシスのはたらき自体もまた何らかのかたちで組織化され、それが個体の内部から外部へと放出されるようになったのではないかということです。

さらに想像をたくましくするならば、すべからく自他の差異にもとづいた異他認知をともなう対象化というはたらきには本質内在的に「攻撃する」とか「殺す」というファクターがついてまわるのかもしれません。つまり対象化のなかには多かれ少なかれはじめから一種の「攻撃」が組み込まれているということです。たとえば、わかりやすいところでは、外科医は生体を「物」つまり「対象」としてあつかいます。あつかわれているのは確かに「生きもの」ではあるのですが、そのあつかい方は死んだ物体をあつかうのと同じです。「手術」を意味する「Operation」が戦争における「作戦行動」の意味をもっているのもおそらく偶然ではないでしょう。対象化はまた抽象的には観察のような場合でもありうるわけですが、あるものを観察するとは、自分が当事者として巻き込まれない程度にそれに対して距離をとり、その対象としてのあるものをあたかもひとつの「物」として見ることです。しかしそれはあるものを、あるものに即してあるがままに見るのではなく、そこから切り離された（と思い込んでいる）主体の側がそのあるものを構成し、つまりそこに介入し、その意味ですでに「死んだ物」を「攻撃的」に観ることにならないでしょうか。自然科学の基礎をなす観察には、根本のところで何かそのような冷たいものが潜んでいるように思われてなりません。

もとより、こうしたことはあくまで「無機物への回帰」と「破壊欲動」とを同じ「死」という概念のもとで理解するとしたら、どういうことが考えられるか、という疑問に発する私の「空想」にすぎません。生物学者でも精神医学者でもない私自身はこれを裏づけるような実験手段をもっているわけではありません。持ち合わせているのはただ「思考実験」だけです。だからこれは、フロイトの一冊のテクストを徹底的に読（み込）んでいくとどうなるか、というひとつの極私的な読書熱の結果ということになります。これがどんな意味をもっているのか、フロイトではありませんが、それは私自身にもまったくわからないとしか言いようがありません。たいていの人は哲学者のたわごととして片づけることでしょう。

# 第七講

# 人間——この残酷な存在

前講で見たように、「死の欲動」という概念のもとに「無機状態への回帰」と「破壊欲動」を同一視することにはいろいろな困難があることがおわかりいただけたと思いますが、その同一視のことを不問にしても、生物、とりわけ人間という生き物にとって「破壊欲動」というものがかなり根の深い本質的なものであることは多くの人々によって認められていると思います。じじつフロイト自身、晩年の論文では、たびたび破壊や攻撃が人間にとって逃れられない本質的な性格であることを前提に論じています。そこで本書の最後は、この人間の破壊欲動の行方についてのフロイト自身の見通しをも交えながら、それに関連する今日的な問題について私なりの考えを述べてみたいと思います。

## 暴力の根源性と普遍性

破壊欲動の具体的な現われはいうまでもなく暴力です。すでに見たように、フロイトが「死の欲動」という概念を立ち上げたのは第一次大戦をきっかけにしてのことでしたが、フロイトの時代のみならず、戦争のような暴力の露出はいつの時代にも見られます。その点では今日のわれわれの時代とて例外ではありません。国家間に起こる戦争のような大きな暴力でなくとも、諍い、喧嘩、犯罪行為などやはり暴力の露出の事例はむしろ日常茶飯事となっています。こういう無数の暴力を目の当たりにすると、人類はいっこうに過去の事例に学ぶことがないように見えますが、フロイトの破壊欲動の根源性を見たわれわれとしては、人間は「学ぶことがない」というより、そもそも人間は「学ぶことができない」のではないかという疑念さえ湧いてきます。それは人間における破壊欲動ないし暴力の根源性と普遍性を暗示しています。

根源性についてはさきほどの（擬似）生物学的アプローチからもだいたいの察しはつくと思いますが、要するにそこには生物学的にも心理学的にも根深い原因があるということです。普遍性については、人間はかならずしも暴力をふるうわけではなく、一生平和に過ごす人もあまたいるというような批判を受けるかもしれません。そこで「根源性」とか「普遍性」ということで私が考えていることを少し述べてみたいと思います。どんな穏やかな人でも一度や二度は腹を立てたり、相手を打ち負かしたいと思ったことがあるだろうというような月並みな反論ですませるのではなく、本人にもそれと意識されないほどの根深くあまねく広がっている人間の破壊欲動を考えてみたいのです。

象徴的な例をあげましょう。それは二〇〇一年九月一一日のハイジャック機による世界貿易センター・ビルへのテロ事件と、その一〇年後の二〇一一年三月一一日に起こった日本の大震災です。この二つの事件には数字の符合以上に大きな共通点があります。それはいうまでもなく、ともに世界を揺るがすほどの大事件だったということです。周知のように、二つの事件は人為、自然を問わずともに多大な犠牲者を生み出したわけですが、ここで私が問題にしたいのは、これが驚天動地のセンセーションだったという明白単純な事実です。なぜこれがそれほどのセンセーションになったかといえば、ともにほぼ実況中継のかたちでその生々しい様子が世界中に放映され、驚くべき数の人々が同時にその映像に見入ったからです。問題はここから始まります。

私の素朴な疑問は、なぜ人々はそれほどまでに見入ってしまったのかということです。また、テレビ局はなぜあれほどにも執拗に同じ映像をくり返し放映したのかということです。簡単に言ってしまいましょう。それは人々があの悲惨な光景を見たかったからにほかなりません。あれらの光景をただ呆然と眺めただけの人も、それを身の切られるような思いで見た人も、そしてまたそこからさまざまな批判を引き出そうとした人も、だれも例外なくその瞬間その光景に引きつけられてしまったことは確かではないでしょうか。それどころか、われわれがあの執拗にくり返し放映された映像を放映されるがまま何度となく見てしまったのは、なぜでしょう。

ここではむろん視聴者は暴力をふるったわけではありません。にもかかわらず、この悲惨で残酷な光景にどうしようもなく眼が引きつけられたということは、そこにわれわれの内面に破壊への抗しがたい「引かれ」があったからではないでしょうか。そうでなければ、どうしてわわれわれは、あの何も知らずにわざわざ津波が押し寄せてくる方向へ走っていく車や、やがて飲み込まれる橋の上をのんきに歩いていた人々を、まるで魅入られるようにして見ていられたというのでしょう。おそらく、それは同情などという生易しい言葉では説明できないはずです。不謹慎な言い方でお叱りを受けるかもしれませんが、やはり人々はあの悲惨な光景を「見たがった」のです。これが人間という存在のなかに業のようにして巣食っている破壊欲動の根深さであり、普遍性だと私は言いたいのです。

ドイツ語にSchadenfreudeという言葉があります。これは他人の不幸を喜ぶことという意味で、日本の野次馬心理に重なる言葉です。人間には被害者に同情しながらも、その被害を楽しんでしまう、いやそこまで言わずとも、少なくともそれを見たいという、おぞましい逆説心理があります。そうでなければ、事故現場になぜあれほどの人だかりができるのでしょう。その好奇心に溢れたまなざしは被害者にとっては一種の暴力です。この人間の破壊欲動の根深さからすれば、テロリストの心理も野次馬の心理も根本のところでは通じ合っているとさえ言いたくなります。その意味で人はみな「共犯者」であることを逃れられないのです。私には、人間とは本質的にそういう残酷な存在であるように思えてなりません。だから、暴力事件や災害が起こったときに公共で語られる道徳や訓戒めいた大半の言葉は、私にはあまりにも「白々しく」

聞こえます。むろん私は露骨な野次馬根性を擁護しているのではありません。現場でそういう人間を見れば、私とてちょっとした道徳心からそれをたしなめる側に回るだろうとも予想します。しかし、フロイトがとらえようとした人間の破壊欲動とか死の欲動とは、そういう「善悪の彼岸」にあるものなのです。

こういう残酷な人間の本性を早くから見抜いていた人がいます。それがニーチェです。前講で罪責感や超自我の成立を論じたところを想い出してください。そのときにわれわれは、ニーチェを引き合いに出して、罪Schuldの意識が負債Schuldenに発するものであることを見ました。その負債が罪に変換するときに「負債が返却できなかった場合には、貸し手に有利なような何らかの処罰や報復が課せられる」という事実がポイントとなって、その処罰（破壊欲動）が自己へと反転して内面化が起こり、そこに罪意識が生ずるのでした。問題はこの中間ポイントです。そもそも処罰や報復が負債と等価でなければ、この方程式は成り立ちません。処罰や報復が借り手の苦痛になることは確かです。しかしそれらは貸し手の側になにかプラスをもたらすのでしょうか。そうでなければ、貸し手はその措置に満足することはないからです。この点に関してニーチェはこう説明しています。ローマ法以来、負債が金銭や土地などによって直接相殺されるのではなく、貸し手に一種の「快感Wohlgefühl」を与えることによって相殺されるという考えが定着したが、この快感の内容は「自分の力をためらいなく無力な者に向けて放出してもよい」ということだったとして、さらにニーチェはこういいます。

もう一度問うてみよう。どのようにして苦痛は「負債」を相殺するのだろうか。それは苦しませることが最高度の快となり、損害を受けた者がその不利益とそれにともなう不快と引き換えに特別な満足を味わうからである。苦しませること――これこそ本来の祝祭であり、すでに述べたように、貸し手の階級や社会的地位に反比例して高い値段をつけられるものである。（KSA 5, S.300）

ニーチェはさらに、人間心理を見透かしたように、こうもいっています。

苦しむことを見るのは楽しい。苦しませることはもっと楽しい。――これは過酷な命題である。しかし、ひとつの旧くて有力な、人間的で、あまりに人間的な原理である。（ibid. S. 302）

さすがにニーチェならではの辛らつな人間観察ですが、いまやわれわれはこの観察をたんなる誇張やイロニーとして片づけることはできないと思います。

## 文化の役割とその限界

以上のような人間の宿業ともいうべき暴力志向がどうにも避けがたいものであるとするなら、そもそも人間はその暴力の露出に対してどのような対策をもっているのか、それについてフロイト自身はどのようなことを考えたのかが気になってきます。その一部が一九三二年に「戦争とは何か」をめぐってアインシュタインと交わした公開往復書簡に見られます。これについてはたびたび参照を願っている拙著『憂鬱な国／憂鬱な暴力』第一章にくわしく書きましたので、ここではその結論だけを紹介しておきます。

フロイトがこの往復書簡をとおして述べていることは、ほぼ次の二つにまとめられます。ひとつはアインシュタインに賛成して、各成員がより大きな統一体ないし共同体に自分の権力を譲渡して、それの法的威力によって個々に突出する暴力を抑えるという考えで、これは理念上は今日の国連軍のようなものといってよいかと思います。しかし、フロイトにはこうした集中権力とそれを支える法はそもそも暴力の直接的変形にすぎないので、本質的な解決にはならないという考えがありました。そこで、もうひとつの対策が浮上してくることになります。それは人間からどうしてもなくしてしまうことのできない破壊欲動すなわち暴力を「逸らす」という対策です。
この逸らしはどのように可能になるのでしょう。すでに見たように、フロイトにとって暴力の根源であるタナトスはつねにその反対欲動であるエロースと切り離すことができない関係にあるのでした。だとしたら、このエロースを動員し、それをタナトスに拮抗させることによって暴力を逸らすことができないかという考えです。このエロースとタナトスの「戦い」の場がフロイトにとっての「文化」にほかなりません。

人間の攻撃欲動に制限をくわえ、その露出を心理的な反動形成によって押さえつけておくためには、文化はあらゆるものを動員する必要がある。（IX, S.241）

これは同じころに書かれた『文化のなかにあることの居心地の悪さ』という論文の一節ですが、しかし、この一文の意味は見かけほど簡単ではありません。これにはもちろん、われわれが普通に考えるように、さまざまな文化活動が戦争を避けるための手段となりうるというメッセージも含まれてはいるのですが、すでにこの論文の奇異なタイトルが暗示しているように、文化による暴力の抑制は楽観的な平和論者が期待するようには運ばないだろうとフロイトは見ているからです。このフロイトの危惧や悲観はどこから出てくるのでしょう。それは前講でみた罪責感の問題とからみます。

私の見るところ、フロイトは文化の核を形成するものは倫理やモラルであると考えていた節があります。もう少しいえば、あのエディプス・コンプレックスに起源をもつ超自我的なもの、それを核としてそのまわりにエロースの加工としてのいわゆる文化が形成されるというイメージを抱いていたと思われます。むろんこれにはフロイトが「原罪」を中心概念にもつキリスト教文化のなかで生きていたということも与っているでしょう（彼自身はユダヤ人でしたが、ユダヤ教にもキリスト教にも距離をとっていたようです）。じじつ、戦争に関しても二〇世紀のある時期からつねに「罪」が問題にされてきました。いわゆる「戦争責任」問題にはかならずこの観点が入ってきます。第二次大戦直後にドイツで哲学者のヤスパースがそれを論じて有名になったことは知っている人も多いでしょう（『戦争の罪を問う』参照）。いずれにせよ、戦争の防止という人類的な課題を前にしたフロイトは、この罪責感こそが現存する文化の側からの最後の砦になると考えたということです。

ここに問題が生じます。つまり、文化の核となって戦争に抵抗する超自我ないし罪責感も、フロイトの仮説にしたがうなら、もともとは自らの攻撃欲動を内面化させたものであったわけですから、文化による暴力の抑制といっても、それは変形加工された破壊欲動をもって露出する直接的暴力を逸らしたり、抑えたりするということになります。つまり抑える側にまわる罪責感もまたその出自からして、それほど心地のよいものではないということです。そこから、次のような危惧が出てきます。

> 文化が家族から人類への必然的な発展過程であるとすれば、罪責感の増大は、人間に生まれつきそなわっているアンビヴァレンツの葛藤の結果として、また愛と死の欲動との永遠の争いの結果として、文化とは切っても切れない関係にあり、ひょっとするとこの罪責感の増大は、個々の人間には耐えられない程度にまで達するかもしれない。(IX, S. 258/9)

正直いって、このペシミズムに対して私自身はどう言ってよいかわかりません。ただフロイトの文化概念の理解の仕方にやや疑念を抱くぐらいです。そもそも戦争問題において罪意識が足らなさすぎると思われる日本人にとって、この危惧はむしろ過剰な心配であり、他人事のようにさえ響くからです。とはいえ、これを別のコンテクストに置き換えれば、このフロイトの「文化のなかにあることの居心地の悪さ」はわからないでもありません。

たとえば、自己管理と自己抑制を担う罪意識がわれわれの精神をきっちり蔽ってしまった状態というものを考えたとき、フーコーならずともその「内なる権力」や「ミクロ権力」による煩わしい束縛を感じざるをえないでしょう。たとえば、直接罪意識とは関係ないとしても、この間日本の学校で急激に進行した管理教育のことを考えてみれば、その居心地の悪さや気味悪さがはっきりします。

やや旧世代風な物言いで気がひけるところですが、私自身の経験にもとづいてごく身近な例をあげてみます。私は山村の出身ですが、かつて私の少年時代には子供たちは野山を駆けめぐり、川や湖でさんざんに遊んだものでした。ところがこの数十年私の故郷では外を駆け回って遊ぶ子供の姿を見ることはまったくなくなってしまいました。ほとんどの場所が危険だという理由で立ち入りや遊泳が禁止されてしまったからです。川へ行けば溺れる、山に入れば猪や熊が出るかもしれない、道路で遊べば車が来る、チャンバラごっこをすれば怪我をする、はては土で遊べば汚れる、というように、考えつく「危険性」がことごとくあげつらねられ、いまやさまざまな「禁止」が子供たちの内面を絞めつけているという印象です。それは超自我の重みに打ちひしがれている神経症患者のようでさえあります。そうした彼らが「パノプティコン」さながらの「許された」狭い自室に閉じこもってファミコンゲームに熱中するというのが実情のようですが、この一億総自閉化の光景は何とも不気味で「居心地の悪い」ものではないでしょうか。この状態がつづくなり、さらに進行していけば、きっとそれは当の子供たちにとっても「耐えられない程度にまで達する」ことでしょう。いや、すでにそうなっているのかもしれません。各種の少年犯罪の背後にそのような行き過ぎた管理社会の破れを見ることはそれほど突拍子もない考えとは思われません。私はたんなるノスタルジーを語ろうとしているのではありません。過去との対比において鮮明になる現代の病理の危険性を指摘しておきたいだけです。

## 昇華とカタルシス

こう論じてくると、われわれは途方にくれてしまいそうです。どんなに暴力が荒れ狂おうとも、われわれには決定的な対応策がないように見えるわけですから。フロイトの理論にはもはや右に述べたこと以上の可能性はないのでしょうか。そういう目であらためてフロイトの著作を読み返していると、フロイト自身があまり展開していないことで、ひとつだけ可能性を秘めた考えがあります。それは「昇華 Sublimierung」という概念です。まず、この概念の出自から説明しておきましょう。

この言葉はラテン語の「sublimis 高い」に起源をもつ言葉で、英語の「sublime 崇高な」がそれにあたります。ドイツ語の「Sublimierung」や英語の「sublimation」はそこからの派生語で、日本語では「昇華」と訳され、今日ではおもに化学の用語としてつかわれています。日本の化学用語としては固体が液体の状態を経ずに気体に変わること、およびその逆のプロセスを意味するようですが（国によってはこの二つを別々に表記するところもあるようです）、おもにわれわれは前者、すなわち固体から気体への変化を「昇華」として理解しています。たとえば、ドライアイスがそのまま気体となって空気中に拡散していく状態などがその典型例です。いずれにせよ、この概念は「崇高」と語源を同じくし、あるものが天空高く舞い上がっていくという基本イメージをもっています。「崇高」に関しては昔からカントやバークなどの興味深い美学的アプローチがあるのですが、ここでは触れません。

フロイトがこの「昇華」という概念に着眼したのは性欲動についての論議のなかでした。しかも、その加工変形ないし「逸らし」が問題となる文脈においてです。『〈文化的〉な性モラルと近代的な神経衰弱』という短いエッセイから典型的な一文を引用してみます。

性欲動は文化の仕事にじつに多大な量の力を提供している。それはこの欲動においてとくに際立つ次のような特性によってである。すなわちその特性とは、その強度を落とすことなく、自分の目標をずらすことができるという特性である。もともとは性的な目標を他の、もはや性的ではないような、とはいえ心理的にはそれと親和的なものに取り替える能力、この能力が昇華の能力と呼ばれる。(IX, S. 18)

この引用はさして難しいことを言っているわけではありません。簡単な話、われわれは性的な話題を露骨に口に出すことがはばかられます。そこには暗黙のタブーがはたらき、それを破れば、羞恥心に襲われるからです。だから、そういう性的な話題はおうおうにして「間接的」に表現されることが多いわけですが、この間接的表現とは当事者に受け入れられやすくするための一種の「ずらし」です。たとえば、「性器」というどちらかというと学術的でニュートラルなニュアンスの言葉は、ここでもこうして平気で書き記すことができるのですが、もっと生々しいニュアンスを帯びた日常語に対しては自ずと抵抗がはたらいてしまいます。どうしてもそれを言葉にしなければならないような場面では比喩表現などでかわす場合もあるでしょう。性的な事柄を前にしてわれわれが普段からやっている、こうしたずらしやかわし、簡単にいってしまうと、これがフロイトのいう昇華の原形です。

フロイト理論の特異性は、この昇華を文化一般にまで拡大して解釈するところにあります。言い換えれば、フロイトにとって文化とはそもそもそのように昇華された性欲動ないしエロースの体系なのです。文化現象のなかでとりわけフロイトが注目していたと思われるのが宗教、各種の芸術、知的活動です。これらは一見性欲動とは無関係に見えます。しかしフロイトの目からすれば、まさにそうであるがゆえに、それらは昇華をとおして巧みに加工された性欲動だということになります。こうしたフロイトの汎性欲論的な解釈には当時から今日にいたるまで根強い批判があります。嫌悪感を露わにする人たちも少なくありません。とくに原理主義的な発想に凝り固まったクリスチャンなどにそういう人が多いようです。しかし、フロイトのこうした解釈をフロイト個人の「好色」に帰して無視してしまうのは、あまりフェアな態度とは言えません。問題はこの解釈の理論的ポテンシャルです。

たしかにフロイト自身はこの昇華という概念を理論的に充分に彫琢していません。たとえば、この概念と「抑圧」「抵抗」との関係はどうなっているのか、どのような範囲までを昇華とみなすのか、等々といった疑問をほとんど検討しませんでした。だから昇華の概念はフロイトの理論体系のなかでももっとも曖昧で空白の多い分野となっています。しかし、硬直した頭脳の持ち主でないかぎり、この概念に一定のリアリティがあることはだれもが認めるのではないでしょうか。私がこの概念に理論的ポテンシャルを見るのは、これをまさにわれわれのテーマである暴力ないし破壊欲動に適用したらどうなるかという問題提起をしたいからです。破壊欲動の昇華、フロイト自身はこれをじかに論じたことはありませんが、さきにも見たように、罪責感のなかに暴力の「逸らし」を読みとったフロイトからすれば、これは充分に考慮に価するテーマだと私は思います。

フロイトの理論にしたがえば、昇華は性欲動すなわちエロースのもつ「リビドー」という一種のエネルギーの加工誘導と見ることができます。だとすれば、このエロースと拮抗関係をなすというタナトスにもそれに匹敵するエネルギーを仮定するのが自然です。だから私の問題提起は、言い換えれば、このタナトスの側に仮定されるエネルギーはどう昇華されるのか、ということになります。奇妙な疑問のようですが、こうした問題提起はまんざら私の個人的夢想でもなさそうです。少し別のところから援軍を借りてきますと、『攻撃』の著者コンラート・ローレンツもこういっています。

攻撃性を別の対象にむかわせるということは、それを無害なものとする最短のそしてもっとも実現性のある道である。攻撃性は他の大部分の本能よりもたやすく身代わりの対象となじみ、その対象で完全にみたされる。すでに古代ギリシャ人たちも、純化する消散反応であるカタルシスの概念を知っていたし、精神分析学者たちは、絶賛に値する多くの行為が、「昇華された」攻撃性によって駆りたてられ、おまけに攻撃性を減少させることにも貢献していることを非常によく知っている。（『攻撃』p.364）

厳密にはこの「精神分析学者」のなかにフロイト個人は含まれませんが、ローレンツにとって精神分析的な観点からする暴力の昇華という発想はけっして奇異なものではなかったのです。そしてこの引用から、さらにもうひとつ興味深い概念が浮かび上がってきます。それは「昇華」と非常に近しい意味をもつ「カタルシス」という言葉です。

この言葉は今日ではギリシャ語のまま「気分が晴れてすっきりした」ようなときにつかわれるようになっていますが、もともとはアリストテレスが『詩学』（6, 1449b24-28）のなかで悲劇を定義するときにつかい、それが広がっていったものです。アリストテレスによれば、悲劇は「ἔλεος エレオス（同情・憐れみ・嘆き）」と「φόβος フォボス（怖れ・戦慄・災いの心配）」の感情を呼び起こし、観客にそうした感情の「カタルシス」をもたらすとされるのですが、われわれの文脈で興味深いのは、まずカタルシスが喜劇ではなく、悲劇のほうで可能となるということです。前のオイディプスの話でも見たように、ギリシャ悲劇の主人公たちはたいてい運命的な破局を経験し、無残に死んでいくことが多いのですが、まさにそうした破局や死のシーンを観ることによって観客は自分の気分を晴らすというわけです。ここに出てくる「エレオス」と「フォボス」という言葉の解釈をめぐってはさまざまな論議があるところですが、少なくとも悲惨や残酷に発するネガティヴな感情であることにまちがいはありません。しかし、人はまさにそうしたネガティヴな感情を掻き立てるものに、まるで逆説的心理にもてあそばれるかのようにして引きつけられ、それをとおして自分の気分を晴らすのです。この心理的メカニズムはギリシャ悲劇にかぎられません。日本の歌舞伎でも同じです。義経の不幸や江戸の心中などに心を引かれてしまう観客、先代萩で主君を守るためにわが子を犠牲にする気の毒な乳母に同情しながらも、それを悦ぶ逆説的な観客は日本にもあまたいます。カタルシスとは、つまるところたんなる昇華というより、破局の、そしてまた究極的には死の昇華なのではないでしょうか。

## スポーツと祝祭

暴力の昇華ということに関して、ローレンツはさきの引用につづけてこう述べています。

闘争が人間の文化生活の中で、儀式化され、特殊な形式に発達したものにスポーツがある。系統発生的に生じてきた決闘と同じく、スポーツは攻撃性が社会集団に損害を与えるのをくいとめるのと同時に、攻撃の種維持作用はそのままに保ってくれる。だが、そのほかにも、この文化的に儀式化された闘争形式は、人間が自分の本能的闘争反応を、意識的に責任をもって制御するように人間を教育するという、比類なく重要な役目を果たしているのである。(『攻撃』p.364)

最後にこのだれにも身近なテーマを取り上げ、本書を締めくくることにしましょう。ローレンツの指摘をまつまでもなく、ほとんどのスポーツが戦闘行為をその原形にもっていることは、一般にもよく知られています。円盤投げ、槍投げなどという、今日ではどちらかというとマイナーな競技種目が古代ギリシャの戦闘に由来していることはよく知られていることでしょうが、同じような種類の砲丸投げやハンマー投げなども素朴な戦争行為から生まれたものでした。大半のフィールド・スポーツは敵の陣形の解体を目指しています。シュート、スパイク、ショットはその攻撃の先端をなします。「打つ」ことによって「塁」を奪う野球もまた戦争における陣地争奪戦と無関係ではありません。相撲、レスリング、ボクシングなどあらゆる格闘技がそれ自体「洗練された暴力」であることは一目瞭然です。そして人々は自らそれをおこなうことに、あるいはまたそれを「観戦」することに熱狂します。言い換えれば、人々は一種の擬似戦闘行為に興じているのです。これはまた筋肉運動とは無関係な競技、たとえば囲碁や将棋のようなゲームにもあてはまります。将棋やチェスの駒は戦団そのままです。社会学者のロジェ・カイヨワはかつて遊びをアレア（偶然）、アゴーン（競争）、ミミクリー（模倣）、イリンクス（眩暈）の四つに分類しましたが、このなかのアゴーンにあたるものがこの変形加工された戦闘行為と重なります。

今日ほどスポーツが脚光を浴びなかった時代にも人々はそれに匹敵するものをもっていました。それが祝祭です。ニーチェは『悲劇の誕生』のなかで「オルギア（狂騒乱舞）」を求める人間の「ディオニュソス（バッカス）」的性格の重要性を指摘しましたが、祝祭はおうおうにして秩序の破壊や暴力の発散を演出します。限られた非日常的な時間空間において人々には自らの破壊欲動の放出が許されるのです。それは「聖なる」ものとしてもあつかわれてきました。日本各地にも広がる「神事」であるお祭りのなかに、まるで集団の喧嘩を想わせるものが少なからず見られるのも、そういうことと結びついています。

こうして見てくると、スポーツを初めとして、われわれのまわりには暴力ないし攻撃欲動の昇華といえるようなものに事欠かないことがわかります。しかもそれらをあつかう人々の熱狂ぶりは、少し冷静に考えてみると、「異常」でさえあります。オリンピック、ワールド・カップ、各種のリーグ戦、あるいは世界的にも珍しい日本の高校野球への熱狂、こうした人類がつづくかぎりほとんど永久に絶えることのないように見えるスポーツ祭典の盛り上がりはいったい何を意味しているのでしょう。あるいはわれわれは一球一球の球の動きになぜあれほどまでに興奮してしまうのでしょう。普段冷静で知られる人物が決勝のシュートが入った瞬間に叫び声とともにガッツ・ポーズをとるなどという光景も稀ではありません。祭りでいえば、神男を求める裸男たちが鼻から血を流しながらも、ますます興奮しながらもみ合いのなかに飛び込んでいく様や、一足踏み外せば転がり落ちて命を失うかもしれない石段を、燃え上がる松明を片手にした男たちが嬉々として駆け下りる様、そういうものがわれわれのまわりにはいくらでもあります。これらが「異常」に見えるのは、その時その場所にかぎって「非日常」が許されているからです。

　スポーツや祝祭に何かがあることはまちがいありませんが、しかしそれ以前にそれに反応する人間の側に何かがあるのです、しかも、普段は直接表に出てこない何ものかが。スポーツや祝祭はこの普段は表に出てこない何ものか、すなわち攻撃欲動を巧みに挑発し、それをゲームや祭りという人為的に作られた閉鎖世界で無害なかたちにして昇華、発散させるのです。私はこの見方を支持します。そしてスポーツにローレンツが言うような「比類なく重要な役割」も認めます。おそらくスポーツや祝祭というものがなかったら、人類はその攻撃欲動をもっと直接的なかたちで、つまり有害なかたちで発散させてきたことでしょう。

スポーツや祭りの「野蛮さ」に眼をしかめる人がいます。さらにはそれを禁止したり抑圧することによって「平和」を得ようとする考えもあります。しかし、私はそういう平板な平和主義やヒューマニズムには懐疑的です。それは人間の業《カルマ》ともいうべき暴力への欲動をあまりにも過小評価し、平和どころか、かえって危険な結果をもたらすと予想されてならないからです。たしかに今日のスポーツにはさまざまな問題があります。イヴェント化にともなうコマーシャリズムの蔓延と多額な金銭による人身売買、ナショナリズム発揚のための道具化、ドーピング、暴力集団の温床等々といったように。むろんこれらは批判されてしかるべき深刻な問題です。しかし、それはスポーツや祝祭そのものの存在を否定し、それを禁止したり、抹殺することとは別の事柄です。これらは禁止によって片づくようなものではなく、むしろ暴力の昇華に向けて人類が営々と積み上げてきた財産のひとつであり、批判はその財産の価値を認めることのうえになされるべきだと考えます。

とはいえ、ここでひとつクリアしなければならない理論上の問題があります。それはこの場合の「昇華」という概念そのものに関わります。「暴力の昇華」とは、たんに暴力や攻撃欲動を小出しにして発散させることではありません。もしそうであれば、たとえ小出しといえども、暴力や攻撃につきものの怒りや不愉快といったネガティヴな感情がつねに残りつづけるはずです。ところが祝祭にしてもスポーツにしても、その暴力の変形（ずらしやかわし）による昇華にはその反対の歓喜や快感がともなうのです。これはどういうことでしょう。この出どころは、あくまでフロイトの理論仮説にしたがうなら、エロースをおいてほかにありえません。つまり、さきに述べたエロース自体の昇華はいうまでもなく、この暴力の昇華においてもエロースが関与していると考えられるのではないかということです。逆にいえば、エロースの関与がないたんなる暴力の変形はどこまでいっても暴力の昇華にはならないということです。たとえば、直接暴力にもっとも近いスポーツのひとつボクシングなどでも、そこに技《クンスト》や美学《エステティク》が認められなかったなら、たんなる喧嘩であって、それは昇華されたスポーツとはならないでしょう。フロイトは文化をエロースとタナトスとの拮抗に見ましたが、スポーツや祝祭は、ある意味ではそのもっとも範例的な存在と考えられます。それはまたニーチェが『悲劇の誕生』のなかで訴えたあのディオニュソス問題の再認識といった新たな課題などとも重なってくると思われるのですが、しかし、本書でこれ以上の論議詮索をするわけにはいきませんので、こうした問題についてはまた後日を期すことにしましょう。

## 【参考文献】


安部眞一・星元紀共編『性と生殖』培風館　二〇〇七年
木村敏『関係としての自己』みすず書房　二〇〇五年
小林敏明『憂鬱な国／憂鬱な暴力』以文社　二〇〇八年
――『父と子の思想』ちくま新書　二〇〇九年
斎藤忍随『プラトン』岩波新書　一九七二年
菅谷規矩雄『死をめぐるトリロジイ』思潮社　一九九〇年
互盛央『エスの系譜』講談社　二〇一〇年
舘鄰『生殖生物学入門』東京大学出版会　一九九〇年
田辺元『死の哲学』（藤田正勝編）岩波文庫　二〇一〇年
谷口義明『宇宙進化の謎』講談社ブルーバックス　二〇一一年
田沼靖一『アポトーシスとは何か』講談社現代新書　一九九六年
――『死の起源』朝日選書　二〇〇一年
中井久夫『災害がほんとうに襲った時――阪神淡路大震災50日間の記録』みすず書房　二〇一一年
西田幾多郎『論理と生命』（上田閑照編）岩波文庫　一九八八年
野家啓一『クーン』講談社　一九九八年
丸山圭三郎『生命と過剰』河出書房新社　一九八七年
村山斉『宇宙は本当にひとつなのか』講談社ブルーバックス　二〇一一年

G・アガンベン『言葉と死』（上村忠男訳）筑摩書房　二〇〇九年
Th・W・アドルノ『否定弁証法』（木田元他訳）作品社　一九九六年
アリストテレース『詩学』（松本仁助・岡道男訳）岩波文庫　一九九七年
H・エレンベルガー『無意識の発見』上下（木村敏・中井久夫監訳）弘文堂　一九八〇年
R・カイヨワ『遊びと人間』（多田道太郎・塚崎幹夫訳）講談社学術文庫　一九九〇年
T・クーン『科学革命の構造』（中山茂訳）みすず書房　一九七一年
M・クライン『メラニー・クライン著作集』4・5（小此木啓吾・岩崎徹他責任編訳）誠信書房
一九八五年・一九九六年
V・ジャンケレヴィッチ『死』（仲澤紀雄訳）みすず書房　一九七八年
G・H・シューベルト『夢の象徴学』（浦田甫訳）青銅社　一九七六年
――「自然科学の夜の面」（鈴木潔訳『太古の夢革命の夢』所収）国書刊行会　一九九二年
L・シェルトーク／R・ド・ソシュール『精神分析学の誕生』（長井真理訳）岩波書店、一九八七年
E・ジョーンズ『フロイトの生涯』（竹友安彦、藤井治彦訳）紀伊国屋書店　一九六九年
J・デリダ『エクリチュールと差異』（上下）（坂上脩他訳）法政大学出版局　一九八三年
T・デュフレーヌ『〈死の欲動〉と現代思想』（遠藤不比人訳）みすず書房　二〇一〇年
H・テレンバッハ『メランコリー』（木村敏訳）みすず書房　一九七八年
G・ドゥルーズ『ベルクソンの哲学』（宇波彰訳）法政大学出版局　一九七四年
G・ドゥルーズ／F・ガタリ『アンチ・オイディプス』（市倉宏祐訳）河出書房新社　一九八六年
I・バーリン『北方の博士J・G・ハーマン』（奥波一秀訳）みすず書房　一九九六年

G・バタイユ『エロスの涙』（森本和夫訳）ちくま学芸文庫　二〇〇一年
――『エロティシズム』（酒井健訳）ちくま学芸文庫　二〇〇四年
M・パンゲ『自死の日本史』（竹内信夫訳）筑摩書房　一九八六年
M・フーコー『監獄の誕生』（田村俶訳）新潮社　一九七七年
プラトン『プラトン全集』（田中美知太郎／藤沢令夫編訳）岩波書店　一九七四－一九七八年
S・フロイト『自我論集』（中山元訳／竹田青嗣解説）ちくま学芸文庫　一九九六年
――『フロイト全集』17巻　岩波書店　二〇〇六年
H・ベルクソン『時間と自由／創造的進化』（松浪信三郎他訳）河出書房　一九六七年
H・ポアンカレ『科学と仮説』（河野伊三郎訳）岩波文庫　一九七四年
K・ヤスパース『戦争の罪を問う』（橋本文夫訳）平凡社ライブラリー　一九九八年
A・ヤング『PTSDの医療人類学』（中井久夫他訳）みすず書房、二〇〇一年
J・ラカン『精神分析の四基本概念』（小出浩之他訳）岩波書店　二〇〇〇年
P・リクール『フロイトを読む』（久米博訳）新曜社　一九八二年
K・ローレンツ『攻撃』新装版（日高敏隆／久保和彦訳）みすず書房　一九八五年
『DSM-IV-TR 精神疾患の診断・統計マニュアル』新訂版（髙橋三郎他訳）医学書院　二〇〇四年
Avenarius, R. : *Kritik der reinen Erfahrung*, Bd.1, Fues, Leipzig, 1888
Carus, C. G. : *Psyche*, Wissenschaftliche Buchgesellschaft Darmstadt, 1975
Freud, S. : *Gesammelte Werke*, Fischer Verlag, Frankfurt a.M., 1960
―― : *Gesammelte Werke*, Nachtragsband, Fischer Verlag, Frankfurt a.M., 1987

——— : *Sigmund Freud Studienausgabe*, Fischer, Frankfurt a.M., 1982

Gödde, G. : *Traditionslinien des "Unbewußten"*, edition diskord, Tübingen, 1999

Goette, A. : *Über den Ursprung des Todes*, Verlag von Leopold Voss, Hamburg & Leipzig, 1883

Hartmann, v. E. : *Philosophie des Unbewussten*, 4. Aufl. Carl Dunckers Verlag, Berlin, 1872

Hegel, G.W.F. : *Phänomenologie des Geistes*, Akademie Verlag, Berlin, 1967

Heidegger, M. : *Sein und Zeit*, M. Niemeyer, Frankfurt a. M., 1927

Laplanche, J.& Pontalis, J.-B. : *Das Vokabular der Psychoanalyse*, Suhrkamp, Frankfurt a.M., 1972

Nietzsche, F. : *Zur Genealogie der Moral*, in: KSA 5, dtv der Gruyter, München 1999

Rapaport, D.& Gill, M.M. : The Point of View and Assumptions of Metapsychology, *Int. J. Psychoanal.*, 40 ; 153, 1959

Schelling, F.W.J. : *Erster Entwurf eines Systems der Naturphilosophie*, Christian Ernst Gabler, Jena und Leipzig, 1799

Schopenhauer, A. : *Die Welt als Wille und Vorstellung* I & II, Suhrkamp, Frankfurt a.M., 1986 & 1993

Weismann, A. : *Aufsätze über Vererbung und verwandte biologische Fragen*, Verlag von Gustav Fischer, Jena, 1892

Wetz, F. J. : *Friedrich W. J. Schelling*, Junius, Hamburg, 1996

Zentner, M. : *Die Flucht ins Vergessen*, Wiss. Buchges., Darmstadt, 1995

# あとがき

本書はもっぱら後期フロイトの難解で知られるテクスト『快原理の彼岸 Jenseits des Lustprinzips』の読解を目的とするものである。とはいえ、これはたんなる文献解釈書ではない。ここにはフロイトのイマジネーションのうえに著者自身のイマジネーションや思いこみが多分に重ねられているからである。つまりこの解釈書は大半はフロイトの内容であるが、少なからぬ部分を著者自身の考えが占めている。著者は一度そういう実験的な「改釈」をやってみたかった。それもあくまでこのテクストをつかって。それはこのテクストには著者の個人的な想いがさまざまなかたちで貼りついているからである。

最初にこのテクストに遭遇したのは一九八〇年のことであった。この年私は本格的にドイツ語を学ぼうと一念発起し、当時名城大学の教授をしておられた池田芳一氏に個人レッスンをお願いした。その個人レッスンでつかわれたのがこのテクストである。その後池田氏は高山の飛騨国際工芸学園の学長となって移られたが、堪能なドイツ語もさることながら、そのエネルギッシュで特異なパーソナリティには圧倒されっぱなしであった。この人が数年前予期せぬ心臓病のため若くして急逝してしまったのは残念この上ない。彼とはベルリン自由大学の希少なドクター・ブルーダー（兄弟）の仲でもあったのだから。

このテクストとの二度目の出会いはそのほぼ一〇年後のことで、私が予備校河合塾で働いていたとき、河合文化教育研究所の活動の一環としてフロイト研究会を主催し、同僚のみならず、外部から精神科医やドイツ人チューターなどに来てもらい、このテクストをやはりドイツ語で丹念に読んだ。この中心メンバーのなかに現在フロイト学会の会長を務めている北山修氏がおられ、今でもときどきお会いしたり、メイルの交換をしたりしている。この研究会にはまた当時東京都精神研の長井真理さんがおられて、その聡明ぶりに何度か感心させられることがあったが、この人もすい臓癌で早々とこの世を去ってしまわれた。別にテクストのせいではないだろうが、私の場合このテクストには不思議と死との因縁がある。

三度目の出会いは幸い個人的な死とは関係なかったが、やはりほぼ一〇年の間をおいた後のことで、二〇〇二年に私が東京外国語大に客員として赴任していたとき、そこの大学院の講読ゼミで取り上げたのがこのテクストである。ここでは日本語の翻訳をつかったが、とりわけ中国、モンゴル、台湾からの女子留学生たちが慣れない日本語と格闘しながら熱心に参加してくれたのを印象深く覚えている。

ということで、フロイトのこのテクストは私個人にとっても非常にこだわりの強いテクストで、ここに書いた内容の大半は、そうした三十年間にわたる読解作業をとおして考えたり調べたりした事柄である。さらに一〇年後の今あらためてテクストの頁をめくっていると、あれこれの記憶が甦ってくるとともに、あのとき解読をめぐっていろいろな人たちとさまざまに論議しあった光景も懐かしく想い浮かんでくる。本書をあえて話体で書いたことには、そのときの雰囲気を少しでも再現できれば、というような気分がはたらいたのかもしれない。

もうひとつの想い出は本書の「死」というテーマそのものにかかわる。このテーマの選択に際してはむろん、あの震災によって露出した「死」が私に間接的で深刻な影を落としているのは確かだが、それは直接の動機ではない。震災での「死」についての言説は主として悲しみ、怒り、怖れなどがない交ぜとなった同情やモラルなどに発するヒューマンな視点からなされているし、また現実の問題としてそういう「人間の声」に発して語られねばならないと私自身も考えるのだが、ところが本書で論じられる「死」は初めからそういうヒューマニティや「善悪」の「彼岸」に立っている。ここにはただ「死とは何か」というひとつの無情で裸の問いがあるだけである。いったい自分はいつごろからこんなテーマに関心をもち始めてしまったのか。それにはやはり近しかった人のきわめて個人的な死がきっかけとなった。その人のことを少々書き留めておきたい。

パッ……シャ。
色めく、

〔いま・ここ〕のピンホールをくぐりぬけて
むこうがわへ行ってきた
まぶしく白々しく
あちらにも、ケリ、がいて
オーレオレわめいている
（血は頬をながれ）（見えない）

つれて帰れるだろうか
身ぐるみ
イノチ（なまぬるくこびりつき）

自らの死を前にしてこう記したのは詩人菅谷規矩雄である。菅谷はあの学生運動が吹き荒れた時期の六〇年代末から七〇年代初めにかけて、いわゆる「造反教官」として大学に徹底抗戦を試み、それが終焉したあとの八〇年代は確信犯ともいえる飲酒を貫きながら、その死までの一〇年間ひたすら自分の身をもって「死」と「詩」の問題をつきつめようとした人である。亡くなったのは一九八九年、東西冷戦構造が崩壊し、昭和天皇が崩御した年である。死因はおそらく彼自身が「期待」したとおり肝硬変であった。その菅谷が亡くなる年の冬一月に河口湖を訪れ富士山を見たときの手記が残されている。

うすく紫にかげを波うたせ、油光りする氷結の不二。ふたつとないものは、不死ではなくて、
死そのもの、タナトスがみなぎり天につきあげた巨根さ。ふたたびの、今日の、男根不二。
あのときも今日もそうよびたくなるおれは、タナトスにほとんど足をふみいれている、そ

ういう悪しき気分の最中のことなのだ。快晴の不二が眼に映るのは、オレの内部が漆黒のタナトスだからさ。）すべてエロスを失いつくしたあげく、さいごに、男は、タナトスの深奥に、虚なる巨根を突きいれる。そのように死ぬことができれば、それは成就だ。

この一文と本書の主題に共通性があるのはだれの目にも明らかであろう。人間は死ぬ直前でもこう考えるということをあらためて教えられた。しかも生きることに真摯そのものだった詩人の最後の言葉を通して。さらに、この手記とさきの詩が収められている彼の遺稿集『死をめぐるトリロジイ』の巻末には編者による年譜が載っていて、一九六六年の欄にこう記されている。

十月　国立名古屋大学に常勤講師として転任。学生運動や政治運動に関係し、バリケードやハンストを実行する。また緑区鳴海の公団住宅に住むが、ほぼ毎日のように学生が訪れ居そうろうをしていた。

正確には、この記述内容は一九六八年から六九年にかけてのことだが、この「毎日のように訪れ居そうろう」をしていた「学生」のひとりが私であったことを言っておけば、それ以上の説明は必要ないだろう。そんな「学生」たちにも向けられていたのかもしれない。手記にはこんな言葉も書き込まれていた。

シャバにおさらばするまえに浮世への義理をはたす。
だから、まわりにだれもみえなくなってしまわぬうちにそしてさいごはじぶんを見失ってしまうまえに、お別れの一言ぐらいは、云っておきたいのさ。

薄情な「学生」はその「シャバ」の忙しさにかまけて、彼が亡くなったことさえしばらくは知ることがなかった。恥ずかしいことである。本書が彼の言葉に応じられるものであるか、いまや彼より一〇年も長く生きのびてしまっている私には、恥じらいや後ろめたさがあるばかりで、まったく自信がない。ただ、「じぶんを見失ってしまうまえに」自分なりにその言葉に応じてみたいと思った気持ちだけは確かである。

最後に、この著作が成るにあたってお世話になった方々に御礼を述べておきたい。文献の相談や調達に関しては木村敏、北山修、津田均、坪井秀人、マイ・ヴェーゲナー、テレージア・ポイカーの各氏にお世話になった。また執筆中私のとりとめのない話の相手になっていただいた北田暁大、劉志敏のお二人に感謝する。そして、何よりの感謝は本書の出版を快く引き受けて下さったせりか書房社長の船橋純一郎氏と、この本の編集を担当してくださった武秀樹氏に向けられる。武氏は書評紙『週刊読書人』の名編集者として知られた人だが、その時代からの長い友人関係にあって、一度書評ではなくて、出版で一緒の仕事をしてみたいと語り合ってきた仲でもある。ささやかながらも、ようやくその約束を果たすことができた。個人的な感慨もひとしおである。

日本での脱原発を願いながら

二〇一二年　春

ライプツィヒにて

著者

著者紹介

小林敏明（こばやし　としあき）

1948年岐阜県生まれ。1996年ベルリン自由大学学位取得。ライプツィヒ大学教授資格取得を経て、現在ライプツィヒ大学東アジア研究所教授。専門は、哲学・精神病理学。
著書に『<ことなり>の現象学――役割行為のオントプラクソロギー』（弘文堂）、『アレーテイアの陥穽』（ユニテ）、『精神病理からみる現代思想』（講談社現代新書）、『西田幾多郎――他性の文体』（太田出版）、『西田幾多郎の憂鬱』（岩波現代文庫）、『廣松渉――近代の超克』（講談社）、『憂鬱な国／憂鬱な暴力――精神分析的日本イデオロギー論』（以文社）、『父と子の思想――日本の近代を読み解く』（ちくま新書）、『<主体>のゆくえ――日本近代思想史への一視角』（講談社メチエ）、編書に『哲学者廣松渉の告白的回想録』（河出書房新社）、訳書にクラウス・ハインリッヒ『ノーを言う難しさ――宗教哲学的エッセイ』（法政大学出版局）など。


フロイト講義〈死の欲動〉を読む

2012年6月29日　第1刷発行

著　者　小林敏明
発行者　船橋純一郎
発行所　株式会社 せりか書房
〒101-0064　東京都千代田区猿楽町1-3-11 大津ビル1F
電話 03-3291-4676　振替 00150-6-143601　http://www.serica.co.jp
印　刷　信毎書籍印刷株式会社
装　幀　木下弥




ISBN 978-4-7967-0313-0